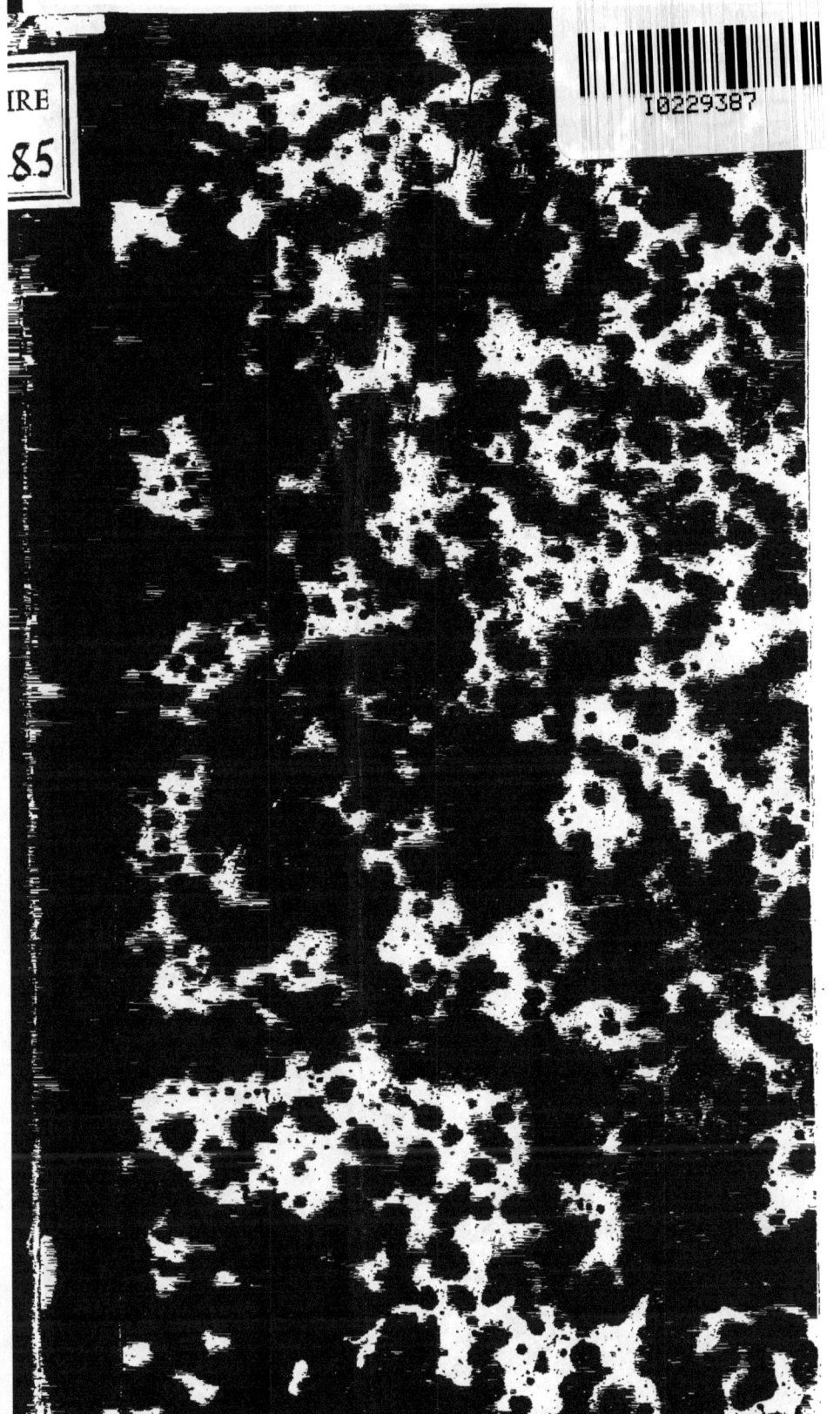

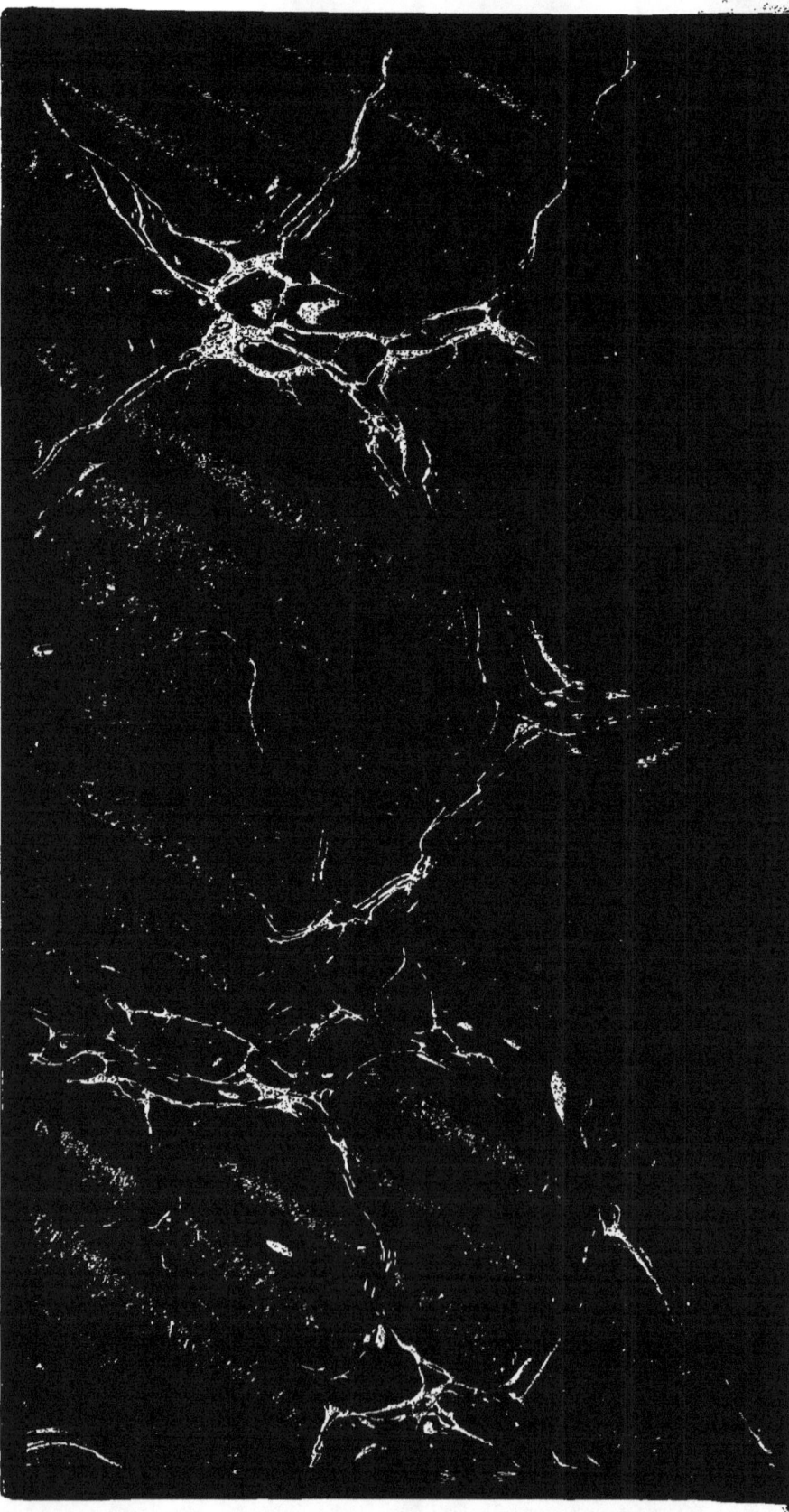

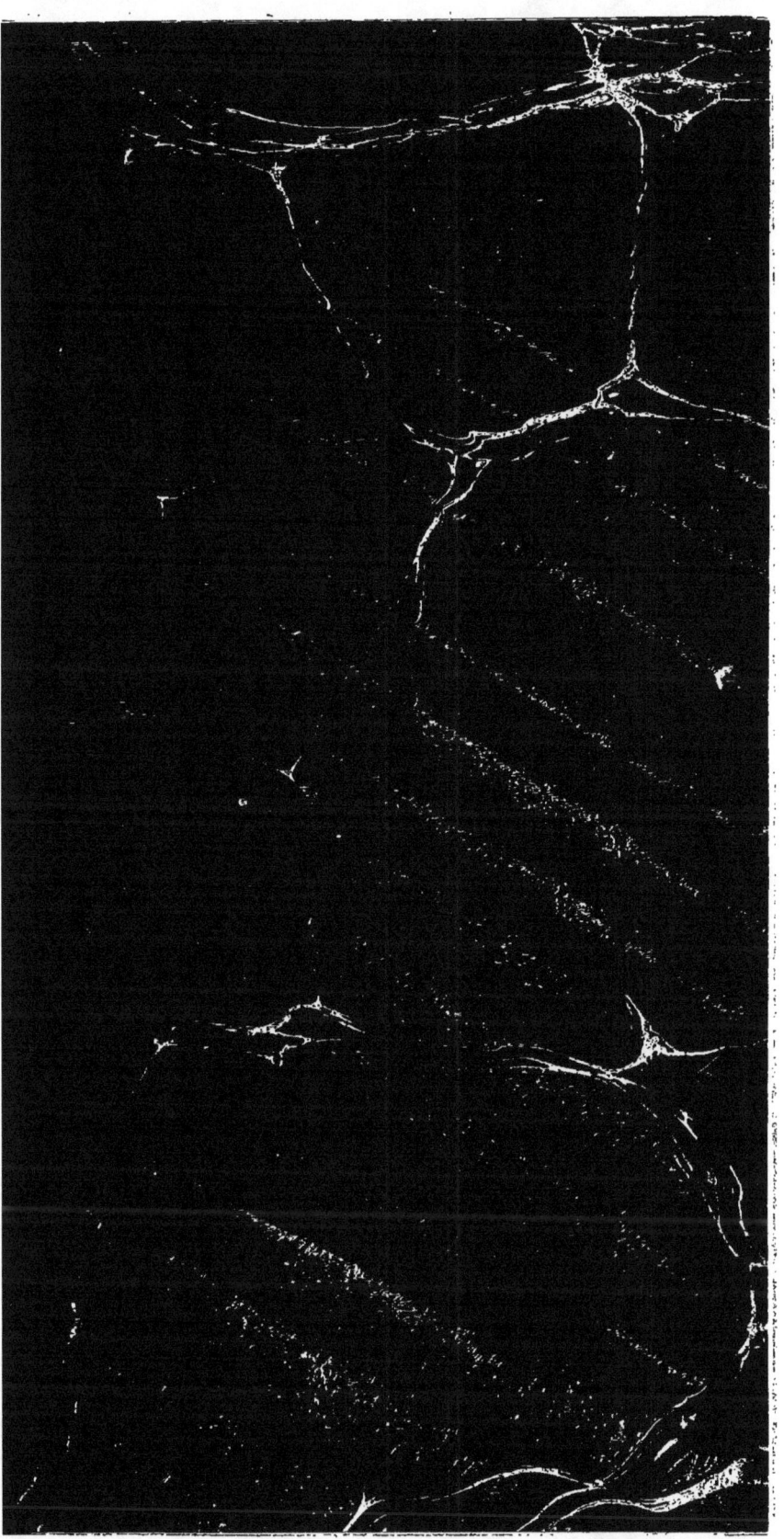

X 24585

ESSAI SUR L'HISTOIRE
DE
L'ÉRUDITION ORIENTALE,

PAR

L. DUSSIEUX.

(Extrait de l'ENCYCLOPÉDIE NOUVELLE.)

PARIS.
IMPRIMERIE DE BOURGOGNE ET MARTINET,
RUE JACOB, 30.

1842.

ESSAI SUR L'HISTOIRE
DE
L'ÉRUDITION
ORIENTALE.

PROLÉGOMÈNES.

I.

L'érudition orientale est toute moderne; les résultats qu'elle offre déjà, ainsi que ceux qu'elle laisse entrevoir, sont autant de conquêtes pour la philosophie, et l'histoire de ses progrès se lie à l'histoire même des progrès de la philosophie moderne.

Pendant le moyen âge, on étudia les langues hébraïque et arabe : la première, pour mieux connaître les textes bibliques; la seconde, pour profiter des travaux philosophiques des Arabes, et surtout pour répandre parmi eux la foi catholique. Plus tard, on apprit quelques idiomes orientaux, le turc, par exemple, afin de faciliter les relations diplomatiques. Mais ce n'est que depuis quelques années que les études orientales ont pris le caractère qu'elles ont aujourd'hui, c'est-à-dire qu'elles se sont donné pour but de faire connaître l'origine de la religion, de la philosophie et de la civilisation, en publiant les livres religieux et philosophiques les plus anciens, et en montrant par la filiation des langues la filiation des idées.

Certes, cette tentative est une des plus hardies que l'homme ait encore entreprises; ainsi envisagé, l'orientalisme est, bien qu'à son début, digne de tout l'intérêt des esprits généreux, et son histoire, qui est celle d'une partie considérable de l'histoire intellectuelle de l'Europe, mérite toute leur attention.

L'érudition orientale a-t-elle son origine dans les premières études de l'arabe et de l'hébreu dont nous parlions tout-à-l'heure? Nous ne le pensons pas : l'érudition orientale est le complément de la renaissance. Au seizième siècle, on étudia avec ardeur Rome et la Grèce, et après trois cents ans de travaux assidus, l'érudition grecque avait donné à l'Europe moderne tout ce qu'elle devait emprunter à l'antiquité; la tâche semblait finie; on avait assimilé à la civilisation moderne, la philosophie, le droit, l'art et la littérature antiques, et finalement on avait essayé d'organiser notre société d'après les constitutions de Rome et de Sparte.

De son côté, l'Eglise avait naturellement déclaré le catholicisme la seule religion immuable et éternelle, et en avait placé la source dans le judaïsme : nul n'osait soupçonner que la religion pouvait avoir des racines par-delà l'Ancien Testament. Ainsi, de ce côté encore il semblait que tout était dit. Hors de la Grèce, tout était donc pour l'érudition barbarie et grossièreté; hors de la Judée, tout était donc pour l'Eglise superstition et impiété.

Mais la philosophie faisait pendant ce temps une découverte importante; elle arrivait à la notion de l'humanité, notion nouvelle comme le mot qui la désigne, et dont les résultats étaient, entre autres, d'engager l'érudition à étudier ce qu'elle avait jusque là négligé, ce vieux monde oriental, dans lequel on chercha dès lors nos plus anciennes origines.

La renaissance avait constaté que notre civilisation avait ses racines directes dans la Grèce; l'orientalisme se donna pour mission de constater que nous avions aussi d'importantes et de plus anciennes racines dans l'Orient; l'Eglise avait dit avec raison que la religion venait de la Judée; mais l'orientalisme se mit à prouver que la religion juive avait ses racines dans les religions de l'Orient. L'orientalisme n'a pas nié les résultats de la renaissance; il les a acceptés, mais pour les développer, pour les compléter; il s'est enté sur eux et les a pris pour base, mais pour aller plus avant que la renaissance n'était allée, et sans cesse il a tâché de reculer les bornes du monde, que l'on avait placées avec trop de hâte sur l'Olympe et Sion.

C'est dans l'histoire même de l'orientalisme qu'il faut étudier ces efforts de patience et de génie, ce grand travail de l'esprit humain, allant à la découverte des origines de toutes choses; c'est dans l'histoire de l'orientalisme que nous trouverons les causes et le point de départ de ce mouvement; plus tard nous en apprécierons et les résultats et les applications.

Jusqu'au dix-huitième siècle, les études orientales n'ont qu'un but, l'interprétation des livres chrétiens et la propagation de la foi chez les infidèles. Au dix-huitième siècle, quelques érudits comprennent l'importance de ces études pour faire connaître l'histoire de certains états jusqu'alors négligée. C'est avec Fréret, de Guignes, Anquetil Duperron, et surtout Court de Gébelin, que commence cette nouvelle période. On continue toujours à se servir des langues orientales comme d'un instrument de propagande religieuse, et les gouvernemens encouragent leur étude afin de faciliter les relations diplomatiques, et surtout les relations commerciales; mais la philosophie matérialiste du dix-huitième siècle était impuissante à aller au-delà; elle ne put comprendre que le côté historique de la question; elle ne put s'élever à la hauteur nécessaire pour apercevoir les grands résultats philosophiques et religieux que ces études doivent amener un jour.

C'était à notre siècle, à notre génération même, qu'il était réservé d'entrevoir ce magnifique spectacle et d'en sentir vivement les conséquences. Nous connaissons la renaissance et ses suites : l'Europe chrétienne a été changée complétement par son mélange avec la Grèce ancienne. Que sera-ce donc lorsque cette nouvelle renaissance, lorsque la fusion de l'Orient et de l'Europe sera accomplie?

Rien n'est plus important que de constater avec précision à quelle époque remonte cette idée d'une renaissance orientale. Elle a ses germes dans la renaissance grecque, dans la propagande religieuse en Orient, dans l'étude de l'histoire orientale, et surtout dans la conquête de l'Inde par les Anglais.

Aux admirables travaux des missionnaires en Chine

vinrent se joindre tout-à-coup une langue, une littérature, une philosophie, une législation, une religion, aussi anciennes qu'inconnues, et dont l'étude naissante éclairait d'une puissante lumière toutes les questions d'origine et d'histoire jusqu'alors débattues, et en faisait naître en même temps une foule d'autres.

Au matérialisme destructeur du dix-huitième siècle succédait alors une réaction toute spiritualiste, qui portait les esprits élevés à conclure dans un sens religieux; les études historiques prenaient une importance inouïe; la philologie et la grammaire comparatives naissaient et déclaraient que toutes les langues étaient sœurs; l'idée d'humanité, en partie née de ces travaux, surgissait, et réagissant sur ces travaux, donnait à tous ces efforts isolés un but commun, un centre, une impulsion. C'est alors que la littérature indienne est révélée à l'Europe; que l'Egypte est tirée du néant; que son écriture, que son histoire, cessent d'être d'impénétrables mystères; que la connaissance de la langue zende est ajoutée à tant de conquêtes! Disons encore que la renaissance orientale n'est pas un fait isolé; c'est une partie des travaux de l'esprit humain au dix-neuvième siècle; elle a commencé avec ce mouvement qui emmène la vieille Europe vers un avenir inconnu; elle en fait partie et ne peut en être isolée.

Trois nations se distinguent dans les études orientales modernes: la France, l'Angleterre et l'Allemagne; chacune a son rôle dans ce grand travail. La France a conservé la part philosophique; elle a indiqué le but; elle a compris le mouvement; elle a deviné les conséquences de l'orientalisme; elle a fait les plus belles découvertes du siècle; elle a expliqué les hiéroglyphes et les livres zends. C'est à de Sacy, à Champollion, à Abel Rémusat, et à M. Eugène Burnouf, que revient l'honneur immense de tous ces travaux.

L'Angleterre a compris l'orientalisme comme un moyen de commercer plus facilement; elle publie des dictionnaires et des grammaires; elle a créé l'étude du sanskrit, non pas pour connaître la philosophie ni la religion des Brahmanes, mais pour connaître le droit, l'administration et les mœurs de l'Inde, et pour lever plus facilement les impôts dans le Bengale. Cependant, malgré cette tendance intéressée, Jones, Wilkins, Colebrooke, Prinsep, et Wilson, ont rendu d'immenses services à la science.

L'Allemagne, continuant le mouvement de la renaissance, et déterminée par l'exemple de la France et de l'Angleterre, a appliqué à l'orientalisme sa critique et sa laborieuse patience; elle a publié des textes; elle s'est beaucoup occupée de philologie; mais elle n'est pas sortie du domaine de l'érudition pure. Néanmoins Bopp, Rosen, Lassen, Schlegel, et Humboldt, ont aidé aux progrès des études orientales.

Ainsi l'Angleterre, par l'immensité de ses relations, donne à l'érudition de nouveaux élémens d'activité; elle fait connaître des langues, publie des lexiques, et garde pour elle le côté pratique de l'érudition, c'est-à-dire qu'elle comprend l'orientalisme comme un moyen de faire des truchemans; l'Allemagne publie les textes, les critique, les épure, les analyse; la France les traduit, les explique, et rattache toutes ces découvertes à l'histoire générale.

Il nous faut maintenant exposer les preuves des assertions que nous venons d'émettre.

II.

Nous avons déjà indiqué le caractère des études orientales au moyen-âge: on apprenait alors un peu d'hébreu afin de lire la Bible; on apprenait l'arabe pour lire les œuvres des savans de Cordoue, et pour faciliter les relations que l'on avait avec les musulmans, soit pour les convertir, soit pour commercer avec eux. Nous allons exposer la série des travaux d'érudition orientale accomplis pendant le moyen-âge. On dit qu'en 1243, Innocent III ordonna de fonder à Paris des chaires pour l'enseignement de la langue arabe et l'instruction de jeunes gens de cette nation qui devaient, à leur retour dans leur patrie, propager la foi catholique. Les papes Clément IV et Honorius IV protégèrent ces écoles.

Les relations politiques des rois de France et des Vénitiens avec les empereurs mongols étaient, dès le règne de S. Louis (1253) assez importantes; mais elles n'eurent pas d'influence sur l'étude des langues de l'Orient, ou du moins la trace ne s'en est pas conservée. L'arabe était plus étudié. Le premier Français (voy. Colomiès, *Gallia orientalis*) qui ait cultivé la littérature arabe, est Armegand Blaise, médecin de Montpellier, lequel traduisit en latin, en 1291, les œuvres d'Averroës et d'Avicenne. Les écrits de ces savans, et les traductions arabes d'Aristote, que l'on ne pouvait lire en grec faute d'entendre cette langue, sont les ouvrages que les Occidentaux étudiaient avec le plus d'ardeur, et jusqu'au seizième siècle tous les arabisans ne font pas autre chose que les traduire en latin.

On le voit, au treizième siècle, les efforts et les résultats sont faibles.

Au quatorzième siècle, le concile général de Vienne (1312) ordonna qu'on instituât à Rome et dans les Universités de Paris, d'Oxford, de Bologne et de Salamanque, des professeurs pour y enseigner l'hébreu, l'arabe et le chaldéen. Ces chaires devaient former les missionnaires nécessaires à la conversion des mahométans, et des savans destinés à prouver aux juifs leur erreur.

Pendant le quinzième siècle, les études orientales ne paraissent pas avoir été fort brillantes, et on en comprendra facilement la raison : les écoles de Cordoue étaient en ruine; la France luttait contre l'Angleterre; l'Italie était divisée et en proie à la guerre civile. Les seuls travaux importans de ce siècle sont la Bible polyglotte de Ximénès, et la traduction du livre d'Albategnius sur l'astronomie, par Regiomontanus (Padoue, 1460). Disons, pour terminer, que toutes ces traductions d'auteurs arabes, faites au moyenâge, sont inexactes, incomplètes, et le plus souvent faites d'après des interprètes juifs; de là sortent ces erreurs répandues sur les sciences des Arabes, et que notre siècle seul a vues disparaître. Quant à l'hébreu, on ne le cultivait même plus. Cette langue était au seizième siècle *abolie entre les chrétiens*, comme dit Théodore de Bèze.

Voilà la part fidèle du moyen-âge dans l'histoire de l'orientalisme; elle est nulle. Si au contraire nous arrivons à la renaissance, nous trouverons une ardeur, une volonté, et des résultats bien différens.

III.

La renaissance s'est occupée des langues orientales dans un double but. L'un était purement théologique; il s'agissait de mieux comprendre les textes bibliques, et c'est de ce mouvement, allemand surtout, que sort la réforme; l'autre est purement littéraire et philosophique; il s'exerce sur le grec et s'accomplit en Italie et en France. Ces deux mouvemens sont encore loin de ce qui se passera plus tard; ils sont moins généraux; mais ce sont bien là les germes desquels sortira l'orientalisme moderne (1).

Théodore de Bèze, comme on peut le voir dans la note

(1) Nous croyons devoir reproduire ici un passage de l'Histoire ecclésiastique de Théodore de Bèze, sur la création de l'étude des langues en Europe. Ce fragment traite complétement la question, et de plus il a l'avantage très grand pour notre travail de donner les idées de l'époque sur cette question.

« Estant arrivé le temps que Dieu avoit ordonné pour retirer ses élus hors des superstitions survenues peu à peu en l'Eglise romaine, et comme pour ramener de rechef la splendeur de sa vérité, quoique dès un siècle auparavant et plus elle eust été dechassée par le fer et le feu, lorsque Jean Wiclef, et après lui Jean Huss et Jérôme de Prague, l'avoient apportée et présentée au monde : il suscita premièrement en Allemagne Jean Reuchlin, pour redresser la connoissance de la langue hébraïque, du tout abolie entre les chrétiens; auquel s'opposèrent de toutes leurs forces les théologiens de Cologne et de Louvain. Mais Dieu rompit tellement ce dessin, que par sentence définitive donnée à Rome, Reuchlin fut absous, et l'étude de la langue hébraïque approuvée : montrant en cela le Seigneur que pour bâtir son Eglise il se sait bien servir même des principaux adversaires d'icelle.

» De cette école de Reuchlin sont issus depuis ces grands personnages allemands : Conrard Pellican, Jean Œcolampade, Sébastien Munster, Jean Capito, Paul Fagius, et une infinité d'autres. D'autre part les estudes commencèrent de fleurir à Louvain même, et de là, environ ce temps, vint à Paris Erasme de Rotterdam, Hollandois, qui remit sus l'étude de la langue latine. Et déjà Jacques Fabri de Staples, docteur de Sorbonne, mais digne d'une meilleure compagnie, voyant l'Université de Paris du tout confite en une horrible barbarie et sophisterie, redressoit les vraies études des arts, travaillant même à montrer et corriger les fautes de la commune translation latine du Nouveau Testament sur le grec original : ce qui déplut tellement aux barbares docteurs de Sorbonne, et nom-

que nous joignons à notre travail, indique bien ces deux mouvemens : l'un religieux et qui a l'Allemagne pour théâtre, lequel produit Luther; l'autre philosophique et spécial à ces Français, *gens doctes qui ne se mêlent pas de théologie*, qui ont le Collége de France pour centre, la Sorbonne pour ennemi furieux, et notre grand François Ier pour protecteur. Ces indications sont trop précises pour que nous y ajoutions aucun commentaire; mais il faut continuer et étudier quels sont les orientalistes de ce temps et l'esprit de leurs travaux. Nous laissons, bien entendu, les hellénistes de côté. (Voy. HELLÉNISTES.)

D'abord nous trouvons Reuchlin, le restaurateur de la

mément à deux grosses bêtes, à savoir Béda et de Quercu, qui étoient lors les chefs de cette faculté, que jamais ils ne cessèrent qu'ils ne l'eussent contraint de leur quitter la place; comme aussi il fallut qu'Erasme, s'y étant tenu quelque temps, s'en retirât. Ce néanmoins la barbarie reçut un si grand coup dès lors en France, qu'elle fut grandement ébranlée, et depuis toujours est allée en décadence. Qui plus est, le pape Léon dixième de ce nom autorisa la nouvelle translation latine du Nouveau Testament faite par Erasme, au lieu que nos maîtres de Paris le condamnoient pour hérétique, à cause de certains dialogues latins appelés ordinairement colloques..... Or, quelque temps auparavant, la maison de Médicis avoit reçu à Florence, comme aussi avoient été reçus entre autres lieux d'Italie, certains grands personnages fugitifs de Grèce, comme entr'autres Argyropilus, Marcus Musurus, Démétrius Chalcondiles, et nommément un très excellent personnage, et de la famille des empereurs de Constantinople, nommé Jean Lascaris, qui avoient bien fort avancé la connoissance de la langue grecque ès universités d'Italie. Là se trouvèrent aussi pour lors plusieurs François, lesquels retournés à Paris, encouragèrent un chacun à l'étude de cette langue. La Sorbonne s'opposa à tout cela avec une telle furie, que si on eust voulu croire nos maîtres, étudier en grec et se mêler tant soit peu de l'hébreu étoit une des plus grandes hérésies du monde. Mais Dieu leur opposa des personnages de telle autorité, que force leur fut de voir tout le contraire de ce qu'ils désiroient. Ces personnages furent Etienne Poncher, évêque de Paris, Louis Ruzé, lieutenant civil, et François de Luynes, sous l'aide desquels les études des langues commencèrent à fleurir, étant même la langue grecque enseignée publiquement par Jérôme Alcander, Italien, qui depuis a été cardinal, Henri Glareau, Suisse, et un François surnommé Cheradamus, homme bien versé tant ès lettres hébraïques que grecques,

langue hébraïque; l'Italien Pic de la Mirandole (mort en 1495), et qui fut un prodige de science : il parlait plusieurs langues, entre autres l'hébreu, le chaldéen et l'arabe; il n'a rien laissé cependant qu'un brillant souvenir. Puis viennent trois hommes éminens, deux Français, Vatable et Guillaume Postel, et un Allemand, Conrad Gesner. Le premier, Vatable (mort en 1547), savant hébraïsant, a créé chez nous l'étude de l'hébreu, et a laissé d'excellens ouvrages. Le second, Guillaume Postel, brille entre tous; c'est, je crois, l'homme éminent de cette époque; il est aussi complet que son siècle lui permet de l'être; il le devance souvent par ses hardies hypothèses, et créé tout d'abord la grammaire et la philologie comparatives : cet homme avait presque deviné le dix-neuvième siècle. Nous lui devons une sérieuse attention. Guillaume Postel naquit dans l'Avranchin, en 1510; il apprit l'hébreu de bonne heure; puis, en 1537, il

combien qu'il fut d'esprit fort léger et de petit sens. Mais entre tous les doctes de France ès langues grecque et latine, Guillaume Budé reluisoit comme un soleil entre les étoiles, auquel personne de ces ennemis des bonnes lettres ne s'osa attacher, joint, pour dire ce qui en est, que ces gens doctes ne se mêloient aucunement de la théologie : de sorte qu'il se peut dire à bon droit qu'ils préparoient un chemin aux autres, auxquels eux-mêmes ne mettoient pas la plante de leur pied. Pour revenir à Budé, il fut si heureux en son érudition, que de rencontrer un roi d'excellemment bon esprit et grandement amateur des bonnes lettres, encore qu'il n'eut connoissance que de sa langue maternelle, à savoir François Ier du nom, auquel ayant dédié cet excellent livre intitulé les Commentaires de la langue grecque, il lui persuada non seulement que les trois langues, et les bons livres écrits en icelles, se devoient lire ès écoles et universités de son royaume, mais aussi d'établir certains excellents personnages, qui lui furent nommés, pour enseigner à Paris avec bons et honnêtes gages, en intention de bâtir un magnifique collége de trois langues avec bon revenu, pour y entretenir bon nombre de régents et écoliers. Ce néanmoins le bâtiment de ce collége ne put jamais venir à effet; mais bien furent établis plusieurs professeurs, entre lesquels furent les plus renommés, pour la langue hébraïque Agathius et François Vatable, auxquels fut adjoint puis après Paul Paradis, Juif de nation; pour la langue grecque, Pierre Danès et Jacques Tusan; et pour les mathématiques, Oronce Finée. De sorte qu'en peu de temps le royaume de France se sentit d'un tel bien. » (Théod. de Bèze, *Hist. eccl. des égl. réf.*, t. I, p. I.).

voyagea dans la Grèce, l'Asie-Mineure, la Syrie, accompagnant les ambassadeurs du roi de France en Turquie; il apprit les langues des diverses populations de ces contrées, et, à son retour à Paris, il publia les résultats de ses voyages et de ses études. Ce livre est intitulé : *Linguarum duodecim characteribus differentium alphabetum introductio, ac legendi modus longè facillimus.* (Paris, 1558, 4°.) Ce traité s'occupe de douze langues, hébraïque, chaldaïque, syrienne, samaritaine, arabe ou punique, indienne (éthiopienne), grecque, géorgienne, servienne, illyrienne, arménienne et latine. Ce livre ne donne que des alphabets et les moyens de les lire; il est rempli d'idées fausses, qui tiennent au temps et à l'imperfection des ressources de l'auteur, mais il a l'immense mérite d'être le premier traité connu de grammaire polyglotte, et ce mérite appartient tout entier à Postel et est le résultat de ses travaux propres. Bientôt après, Postel publia un second Traité intitulé : *De originibus seu de hebraïcæ linguæ et gentis antiquitate, deque variarum linguarum affinitate liber* (1558, 4°). Ce livre est un vrai traité de philologie comparée. D'après Postel, en ceci conforme aux doctrines bibliques, les Chaldéens ont formé le premier empire; leur langue est la première; le Chaldéen Abraham donne naissance au peuple hébreu; la langue hébraïque qui en dérive devient, par la mission du peuple hébreu, la plus importante; toutes les autres en dérivent ou bien s'y rattachent, car tous les peuples ont habité jadis les plaines de Sennaar, et se sont départis de là sur les divers points de la terre, conservant les souvenirs de la langue primitive. C'est là l'opinion de Postel, et de tous les orientalistes de ce temps et des siècles suivans, jusqu'à ce que notre époque ait placé le berceau du genre humain sur le plateau arien, et ait donné au zend et au sanskrit le rôle de l'hébreu. Il y a progrès, changement de termes, de faits, changement immense, radical; mais Postel avait avancé une théorie semblable.

Un chapitre de ce livre curieux est intitulé : *Omnes grammaticas linguas, præcipuè orientales, hebraïcæ affines locutione, signis aut vocibus esse.* Et, pour prouver cette assertion, Postel donne des alphabets comparés de l'arabe et de l'hébreu, de l'éthiopien et de l'hébreu. Un autre chapitre est intitulé : *Voces Latinis, Gallis et Hebræis et quandoque Græcis communes, ut se prosmiscue efferunt.* C'est de la philologie comparée, mauvaise il est vrai, mais c'est le premier symptôme de la notion de la conformité primordiale des langues. Le chapitre *Voces Gallis et Græcis communes* est d'un très grand intérêt et plus vrai.

On voit que nous avions raison de regarder Postel comme le créateur de la philologie comparée ; depuis on a mieux fait, parce que l'on avait plus d'élémens, et surtout parce que la philologie avait placé la question sur son véritable terrain ; mais enfin dès la renaissance, l'orientalisme moderne pousse ses premières racines. Il est à remarquer, à l'honneur du pays qui devait tant faire plus tard pour ces nobles études, que c'est en France que s'accomplissaient ces premiers travaux.

Peut-être devrions-nous nous arrêter ici, ou tout au plus dire qu'en 1538 Postel publia encore une grammaire arabe, et que l'année suivante, François I*er* le nomma professeur de mathématiques au Collège de France. Mais il est une réflexion qui se présente naturellement et que les utopies de Postel font venir à l'esprit, c'est qu'il est heureux qu'au seizième siècle la renaissance n'ait porté que sur le grec, le latin, l'arabe et l'hébreu ; car, si à ce monde grec, déjà si grand et si vaste, fût venu s'adjoindre le monde oriental indien et chinois, les têtes des savans du seizième siècle eussent été impuissantes à les comprendre tous les deux, et à la place d'une série nette de travaux et de progrès positifs, l'Europe n'aurait vu apparaître que des rêves et des écarts de toute espèce. Eclairés que nous sommes aujourd'hui par l'exemple de nos devanciers, augmentés de l'esprit grec, nous pouvons entreprendre une tâche dans laquelle nos pères eussent échoué infailliblement, l'absorption de l'Orient dans l'Europe.

Après Postel, il nous reste à mentionner Conrad Gesner, mort en 1565. Ce célèbre naturaliste étudia avec ardeur les langues orientales, et, suivant la marche ouverte par Postel, il publia son *Mithridate* en 1558. Ce livre, qu'Adelung a si bien refait de notre siècle, est un traité de philologie comparative fort curieux pour l'époque. On y trouve une notice sur cent trente langues et dialectes, tant anciens que modernes, connus au seizième siècle; l'Oraison dominicale y est donnée en vingt-deux langues; les rapports et les différences des langues sont indiqués assez souvent. Ainsi Gesner constate les rapports de l'hébreu et de l'éthiopien, déclare qu'il n'y en a pas entre le chaldéen et l'éthiopien, et appuie ses assertions par des séries de mots de ces langues qu'il compare. Il est à remarquer qu'il divise toujours, d'après les anciens géographes, l'Inde en deux parties, l'une en Afrique (l'Ethiopie), l'autre en Asie, « dont nous ignorons, dit-il, tout-à-fait la langue et les lettres. » Nous devons aussi parler de l'introduction aux langues chaldaïque, syriaque et arménienne de l'Italien Ambrozio (1539), ouvrage assez semblable à celui de Postel, mais moins élevé; du livre du Suisse Buchman, dit Bibliander (mort en 1564), intitulé : *De ratione communi omnium linguarum et litterarum commentarius* (1548), dans lequel l'auteur s'efforce de prouver qu'il y a de l'analogie entre toutes les langues et toutes les lettres des langues en usage dans le monde; suivant lui, toutes dérivent de l'hébreu. Les orientalistes n'allèrent pas plus loin, ils s'en tinrent à ces essais de philologie.

Pendant ce temps, la langue arabe n'était étudiée en France que par des médecins qui la regardaient comme utile aux progrès de leurs études. En 1587, Henri III fonda la première chaire de langue arabe au Collége de France. Le nombre des médecins arabisans et professeurs au Collége de France ou à l'Ecole de médecine est assez considérable pendant ce siècle et le suivant. (Voy. Colomiès, *Gall. Orient.*) En Italie, le pape Grégoire XIII, mort en 1595, encourageait puissamment les études orientales, faisait graver des caractères orientaux et imprimer un bon nombre de livres. Les Médicis l'imitaient, et favorisaient l'étude de la littérature arabe.

IV.

Au dix-septième siècle, la France continua à travailler sur les données du siècle précédent.

Claude Duret, président à Moulins (mort en 1611), composa, sous le titre de *Thrésor de l'histoire des langues de cest univers* (imprimé en 1613), un livre assez curieux sur « les origines, beautés, perfections, décadences, changemens, conversions et ruines des langues. » Il examine cinquante-cinq langues tant anciennes que modernes, en donne les alphabets, et dédie son livre au stathouder de Hollande, Maurice, « afin qu'il le fasse transporter par les Hollan- » dais dans tout le monde, et qu'il serve aux nations à com- » muniquer entre elles ainsi qu'à l'avancement du culte de » la religion chrétienne. »

Ce trésor polyglotte continue la tradition ouverte par Postel. Mais Duret est loin d'avoir la belle intelligence de son devancier; son livre cependant est rempli de faits curieux, et bien qu'il soit aussi rempli d'erreurs, il n'en est pas moins remarquable pour le temps où il a été composé.

Richelieu donna une grande impulsion aux études orientales; il fit imprimer beaucoup de livres, surtout des grammaires et des dictionnaires pour les missions, et rassembla des manuscrits. A cette époque, de Brèves, ambassadeur à Constantinople, apportait à Paris les admirables caractères orientaux que Louis XIII acheta, et qui sont aujourd'hui à l'Imprimerie royale. Le plus bel ouvrage de ce temps est la Bible polyglotte de Le Jay (10 vol. in-fol., 1632-45).

On le voit, la philologie comparative en restait toujours au polyglotisme; il fallait encore bien des années pour que les savans se missent à développer les idées que Postel avait émises dès le siècle précédent.

Un des hommes les plus éminens de ce temps, est Samuel Bochart (mort à Caen, 1667). Il savait toutes les langues sémitiques, l'hébreu, le syriaque, le chaldéen et l'arabe : il a résumé toutes ses connaissances dans son beau traité de la Géographie Sacrée (1675, 2 vol. fol.) Ce livre est divisé en deux parties; la première, *Phaleg*, traite de la dispersion des nations : Bochart compare les plus anciens auteurs de tous les peuples avec la Bible, afin de fixer les origines des nations, et ce qu'il a écrit sur les peuples sémitiques est encore ce que l'on a de plus savant sur la question. Bien qu'il soit nécessaire de reprendre cette belle œuvre, de l'agrandir de toutes les découvertes de la philologie moderne, et de refaire ainsi la genèse des peuples, rendons justice à Bochart, dont l'ouvrage servira puissamment dans l'accomplissement de cet important travail. La seconde partie de la Géographie Sacrée est intitulée *Chanaan;* elle traite des Phéniciens, de leur langue et de leurs colonies : c'est encore un excellent livre, sans cesse copié, et qui est la source du savoir d'une foule de faux savans.

Il semble cependant que l'érudition orientale ait craint de sortir du cercle des livres sacrés; les savans semblent avoir eu peur de publier autre chose que des ouvrages religieux ou des grammaires : ainsi Vattier (médecin de Gaston d'Orléans), dans sa préface de sa traduction de l'histoire des Khalifes, par Elmaçin, publiée à Paris en 1658, craint qu'on ne lui reproche d'avoir fait connaître tous ces princes musulmans ennemis de la religion chrétienne, et que, par cette raison, on ne mette son livre au rebut; il donne, pour explication de sa tentative, que personne ne se fait un scrupule de lire l'histoire des empereurs romains, qui cependant ont persécuté les chrétiens. Dans la Hollande, les études orientales étaient plus libres et plus avancées. Deux causes avaient amené ce mouvement : l'ardeur théologique de ce pays, alors en proie à de vives dissensions religieuses, le désir de fonder des établissemens coloniaux dans l'archipel des grandes Indes. Dès 1603, on publiait à Amsterdam plusieurs grammaires et vocabulaires malais et javanais, dont le commerce avait besoin pour ses relations avec les naturels des îles de la Sonde. Bientôt Erpenius et Golius donnèrent, à l'Université de Leyde, un éclat considérable. Erpenius (mort en 1624) est le plus célèbre de tous les orientalistes hollandais : il savait l'hébreu, le turc, le persan, l'éthiopien, et surtout l'arabe; il établit chez lui une imprimerie orientale à laquelle les Etats-Généraux accordèrent leur protection. Les savans français encouragèrent de tout leur pouvoir cet établissement naissant, qui, par sa position dans un pays libre, leur permettait de faire imprimer des ouvrages qui sortaient du domaine de la théologie. Nous venons de voir en effet, par l'exemple de Vattier, que les orientalistes étaient assez gênés dans leur marche.

Erpenius publia en 1615 une excellente grammaire arabe qui est restée la meilleure jusqu'à celle de M. de Sacy. Il donna le texte arabe avec la traduction latine de l'historien Elmaçin : c'était le premier historien arabe que l'on publiait en Europe. « Ces différens ouvrages, dit De Guignes, contribuèrent à inspirer aux savans de Hollande, pour les langues orientales, un goût qui s'est toujours conservé parmi eux; et l'imprimerie d'Erpenius, après celle de Paris, l'emporta sur toutes les autres par la beauté des caractères. »

En Angleterre, l'étude des langues orientales était également cultivée avec succès. Pococke, et surtout Hyde, méritent d'être mentionnés, le premier à cause de sa traduction de l'historien arabe Abulfarage; le second, pour son livre sur la religion des Perses. Hâtons-nous de dire que l'hébreu fut surtout étudié en Angleterre au dix-septième siècle, et que l'orientalisme y fut réduit aux très étroites proportions des querelles des sectes religieuses et politiques. Milton serait, à vrai dire, le type de ce temps : révolutionnaire ardent, ami passionné de la liberté, mais surtout savant en hébreu, très versé dans la Bible, d'où il tire ses convictions politiques comme ses inspirations poétiques. N'oublions pas de signaler comme l'un des plus beaux produits de l'orientalisme anglais au dix-septième siècle, la Bible polyglotte de Londres (1657).

L'Italie ne restait pas en arrière; elle continuait, dans un but de propagande religieuse, à étudier les langues de l'Orient, et préparait ainsi les grands travaux des missionnaires. Le pape Urbain VIII fondait, en 1626, le séminaire de la Propagande de la Foi, et le dotait d'une riche typographie; la bibliothèque du Vatican et l'Ambroisienne de Milan se remplissaient de manuscrits orientaux. Parmi les savans qui se distinguèrent alors dans ce pays, Kircher se présente en première ligne. Ce jésuite allemand (mort en 1680) publia à Rome ses principaux ouvrages; ses études portèrent surtout sur la langue copte, et, dès 1636, par la publication de son livre *Prodromus coptus sive œgyptiacus*, il révéla à l'Europe savante la connaissance de la langue copte; puis il donna sur l'Egypte ancienne une suite d'ouvrages dont le principal est l'*OEdipe*. (*OEdipus œgyptiacus, hoc est universalis hieroglyphicæ veterum doctrinæ, temporum injuriâ abolitæ, instauratio*, 1652.) Ce livre, qui a joui long-temps d'une autorité considérable, est rempli de recherches et aussi d'erreurs capitales; notamment il mit en avant cette opinion, que l'écriture hiéroglyphique était une écriture secrète inventée par les prêtres pour cacher au peuple leurs doctrines secrètes. Cette erreur nuisit long-temps aux progrès de la science, dont Kircher avait jeté les premiers fondemens. Malgré tout, par ce livre Kircher mérite d'être compté parmi les orientalistes les plus éminens de ce siècle.

V.

Pendant tout ce temps, l'orientalisme avance lentement; et à part quelques traductions d'auteurs arabes, il n'a encore rien donné à l'Europe de bien important. Dans le dernier tiers du dix-septième siècle, il se manifeste un progrès considérable; les missions de l'Inde et surtout celles de la Chine publient tout-à-coup des travaux nombreux; les livres philosophiques des Chinois sont traduits; et, sans entrer ici dans des détails qui seront donnés plus loin, nous devons au moins dire que l'Orient, non plus l'Orient tout moderne de la Syrie et de l'Arabie, mais le vieil Orient de l'Asie centrale et orientale, se révéla à l'Europe étonnée. On sentit dès lors, sans se rendre un compte exact de cette impression générale et encore très vague, qu'il y avait là un monde inconnu et digne d'être étudié. Les études orientales prirent une vigueur toute nouvelle, et, comme il devait arriver, ce fut la France qui, tout en donnant aux missions les jésuites les plus savans, comprit seule ce mouvement. Louis XIV, Colbert et Louvois vinrent en aide à ces efforts; l'Imprimerie royale fut réorganisée, et reçut de nouveaux accroissemens; de nouvelles chaires furent créées au Collége de France; Louis XIV voulait même, en 1745, en instituer une pour la langue chinoise; la Bibliothèque royale acquérait chaque année de nombreuses collections de manuscrits orientaux. L'esprit qui animait Colbert, dans cette protection qu'il accordait aux orientalistes, n'était pas encore l'esprit philosophique qui nous anime aujourd'hui. Colbert ne voulait que le perfectionnement des sciences et des arts, et il pensa que les sciences et l'industrie de la Chine, encore peu connues en Europe, pourraient donner des lumières nouvelles aux savans, et fournir des procédés utiles aux manufactures françaises. Il conçut d'entretenir à la Chine, comme correspondans, un certain nombre de missionnaires instruits. Louvois exécuta ce projet après la mort de Colbert; il envoya en Chine, en 1685, le P. Bouvet et cinq autres jésuites, tous mathématiciens, pour y faire des observations astronomiques. En 1697, Bouvet revint en France avec un grand nombre de livres chinois pour la Bibliothèque royale, et repartit deux ans après, emmenant les PP. Prémare, Régis et Parrenin, qui firent, surtout le premier, d'excellentes traductions, et composèrent de précieux livres, dont nous parlerons plus loin avec détail.

En même temps que les missionnaires français faisaient ainsi connaître une littérature jusqu'alors ignorée, en allant l'étudier en Chine même, dans l'intérieur du royaume il s'élevait un grand nombre d'orientalistes justement célèbres. Citons d'Herbelot, Galland, Pétis de Lacroix, Fourmont, Eusèbe Renaudot. Le premier, Barthélemy d'Herbelot (mort en 1695), mérita la protection spéciale dont l'honora Colbert, en publiant la *Bibliothèque orientale*. Ce livre, véritable encyclopédie de l'histoire des Arabes, est à cette époque ce que l'histoire des Huns de de Guignes est au dix-huitième siècle, c'est-à-dire le livre le plus général et qui indique l'esprit le plus large de son temps. Galland (mort en 1715) popularisa la littérature orientale par sa traduction des Mille et une Nuits, et rendit de grands services à la science par ses immenses travaux; Pétis de Lacroix (mort en 1715) donna les histoires de Gengis-Khan et de Tamerlan; Fourmont (mort en 1745) naturalisa en France l'étude du chinois, qui n'a pas cessé dès lors d'y être florissante plus qu'en nul autre pays de l'Europe.

En 1711, un jeune Chinois ayant été amené en France par l'évêque de Rosalie, Louis XIV voulut profiter de cette circonstance pour rendre l'étude de la langue chinoise accessible aux savans européens; il chargea Fourmont, habile arabisant, de composer avec l'aide du jeune Chinois un dictionnaire et une grammaire. Fourmont, malgré la mort de son associé, acheva ces travaux et les publia. Le Régent et le duc d'Antin l'avaient encouragé et soutenu avec générosité: Fourmont fit graver cent mille types, publia de bons livres, et dota la Bibliothèque de 4 000 volumes chinois et de 200 manuscrits indiens que des missionnaires lui avaient envoyés. Ajoutons encore qu'il eut Fréret pour élève.

VI.

Avec le dix-huitième siècle commence une époque nouvelle dans l'érudition orientale. Nous avons bien pu, en tête de cet article, lorsque nous tracions l'esquisse très rapide de l'histoire de l'orientalisme, signaler les larges différences qui séparent les époques de cette histoire : et c'est à cela qu'il faut se rapporter plutôt qu'à ce que nous venons de dire immédiatement. En effet le progrès a été si lent, qu'il est presque insensible : entre Fréret et les derniers orientalistes du siècle de Louis XIV il y a peu de différence en apparence; cependant il y a un progrès tel dans les idées, l'histoire générale s'élargit tellement, que la philosophie historique en sort; et si nous prenons l'Essai sur les mœurs des nations de Voltaire et que nous comparions ce livre avec ceux du même genre qui l'ont précédé (1), nous apercevrons là le progrès tout entier.

C'est encore en France que s'accomplit ce progrès dans les idées, et en France exclusivement. Je ne vois pas en Europe un nom à opposer à ceux de de Guignes, d'Anquetil-Duperron comme orientalistes, de Fréret et de Court de Gébelin comme philologues, et à celui de Voltaire comme historien philosophe.

Fréret, l'esprit le plus vaste de son temps, fut à la fois, et à un degré éminent, philosophe, historien, chronologiste, géographe, grammairien, philologue, critique; il savait les langues anciennes et modernes; il connaissait toutes les littératures alors connues; son esprit était juste, hardi, ses travaux furent tous neufs. Je citerai d'abord ses Recherches sur l'histoire de France; c'est là où l'on peut apprécier ce qu'il y avait de sagacité dans cet homme. Fréret fut mis à la Bastille pour ce mémoire; la France perdit un historien de ses annales, mais en revanche elle gagna l'érudit le plus fécond et le plus généreux qu'elle puisse citer et que toutes les nations lui envient chaque jour. Comme orientaliste,

(1) L'histoire de Rollin, par exemple.

Fréret est élève de Fourmont : dès 1713, il était devenu habile sinologue, et, à ce titre, il mérite déjà d'être mentionné dans ce travail. Mais c'est surtout à cause de la variété et de la généralité de ses travaux qu'il nous intéresse. En effet, il publie des Recherches chronologiques sur la Chine ; il étudie les cosmogonies phénicienne, égyptienne, chaldéenne et indienne ; les théologies persane, chaldéenne, indienne et grecque. Il part toujours des données de la Bible, et n'a en vue que l'histoire générale ; ses recherches chronologiques sur la Chine ont pour but de faire concorder les annales de ce pays avec les calculs de la Genèse et de constater la suprématie de ce dernier livre. Comme philologue, Fréret doit encore attirer notre attention : nous venons de dire qu'il savait une foule de langues ; il écrivit des remarques sur trente-deux vocabulaires, et rechercha surtout l'origine et les rapports des langues. Il les classait en genres, et observait, pour cette classification, le génie grammatical de chacune. Nous ne saurions mieux achever cette notice sur Fréret, qu'en citant sa dissertation sur les principes généraux de l'art d'écrire (1718, t. VI des Mém. de l'Acad. des Inscript.) Il y a encore loin des travaux de Fréret à ceux de Court de Gébelin et de Voltaire : c'est dans l'Essai sur les mœurs des nations, publié en 1740, que nous constaterons un véritable progrès, un élargissement immense de l'esprit, à un point de vue souvent faux, mais essentiellement humanitaire ; c'est vraiment à ce moment que l'histoire adopte cette belle devise :

Homo sum, et nil humani à me alienum puto.

Pour la première fois, les nations de l'Orient, sur lesquelles les missionnaires venaient de publier d'importantes notions, prennent leur place dans l'histoire. Il est nécessaire d'étudier un instant l'Essai sur les mœurs des nations ; l'avant-propos a un titre important à citer : « Avant-pro» pos qui contient le plan de cet ouvrage, avec le précis de » ce qu'étaient originairement les nations occidentales, et » les raisons pour lesquelles on commence cet essai par » l'Orient. »

Là, Voltaire dit qu'il est à regretter que Bossuet « ait ou» blié entièrement les anciens peuples de l'Orient, comme

» les Indiens et les Chinois, qui ont été si considérables
» avant que les autres nations fussent formées. » Ensuite il
passe en revue la barbarie des nations occidentales, recherche où la civilisation a dû prendre naissance, constate
que c'est dans l'Orient, et déclare qu'il va décrire l'histoire du globe de la même manière qu'il paraît avoir été
civilisé, c'est-à-dire depuis les pays orientaux jusqu'aux
nôtres.

Il étudie ensuite la Chine, son antiquité, ses lois, ses
sciences, sa religion, et réfute l'opinion qui regardait le Christianisme comme la source de la civilisation et de la religion
de ce pays. Arrivé à l'Inde, il en décrit les livres religieux,
l'organisation; il parle aussi de Zoroastre et de sa religion,
et, frappé de l'éternelle conformité des dogmes théologiques, il s'écrie : « On voit évidemment que toutes les reli-
» gions ont emprunté tous leurs dogmes et tous leurs rites
» les unes des autres. »

De ces paroles à celles-ci : « La religion est une, universelle, progressive... elle ne meurt pas, elle se renouvelle, »
il n'y a qu'un pas; mais, pour le franchir, il fallait la réaction spiritualiste de notre temps.

Cependant Voltaire avait imprimé un mouvement immense à la France, et dès lors les études orientales se généralisent et sortent du cercle étroit des siècles passés :
c'est en continuant l'histoire de l'orientalisme que nous apprécierons l'importance des résultats de ce mouvement.

Le premier orientaliste qui se présente à cette époque
est de Guignes, qui, dès l'année 1745, jouissait d'une grande
réputation. De Guignes est surtout célèbre par son histoire
des Huns : mais de plus c'était un esprit fort général, quoique moins élevé que Fréret; il savait le chinois et plusieurs
idiomes tartares, l'arabe, l'hébreu et le syriaque : il composa une histoire de la Chine restée manuscrite; il traita
plusieurs questions relatives à la géographie des Arabes;
il s'occupa de la Bactriane; il essaya d'interpréter les hiéroglyphes égyptiens à l'aide du chinois; et enfin en 1756,
il publia son histoire des Huns, des Turks, des Mongols
et des autres Tartares occidentaux avant et depuis Jésus-
Christ jusqu'à présent (5 vol. in-4°, 1756-8). Cet ouvrage
si important est le premier de ce genre. Il fit connaître

d'une manière très complète une foule de nations dont l'histoire était encore ignorée, en nous initiant à l'histoire de l'Asie centrale. De Guignes était pénétré de la valeur de son œuvre. Il dit dans la préface : « Je me propose de don-
» ner dans cet ouvrage l'histoire d'une nation presque igno-
» rée, qui a établi en différens temps de puissantes monar-
» chies dans l'Asie, l'Europe et l'Afrique. » Et plus loin :
« C'est une partie de l'histoire universelle qui doit d'autant
» plus mériter notre attention, que ces Turks ont contribué
» à la destruction de l'empire romain, ravagé la France,
» l'Italie, la Germanie, ruiné l'empire des Kalifes, possédé
» la Terre-Sainte; enfin qu'ils ont eu de fréquens démêlés
» avec les Français. »

Après de Guignes vient Anquetil-Duperron, qui, faisant sortir l'érudition orientale du cercle encore restreint de l'histoire générale, l'appliqua à l'étude des religions, et qui le premier publia les livres sacrés de l'Orient, les traduisit et les apprécia ainsi : « C'est avec la même liberté
» d'esprit qu'il vous faut lire les livres de Salomon, les an-
» ciens Kings des Chinois, les Védas sacrés des Hindous
» et le Zend-Avesta des Persans. » Et, pour aider à la solution des importantes questions que l'étude comparative des religions allait soulever, Anquetil publiait deux pièces importantes, les livres sacrés de l'ancienne Perse et les Oupanichads, c'est-à-dire la partie la plus essentielle des livres sacrés des Brahmanes.

Il est nécessaire de nous arrêter un instant sur cet homme si long-temps méconnu de ses compatriotes, et si maltraité par les savans anglais ses rivaux. A vingt-trois ans, il part pour les Indes; arrivé dans ce pays où nous étions alors tout-puissans (1754), il se met à étudier le zend et le pelvi, et si Dupleix avait pu conquérir les Indes à la France, on peut voir par les projets que Duperron avait formés et qu'il a consignés dans ses *Recherches historiques et philosophiques sur l'Inde*, quels services la France aurait pu rendre et à sa conquête et à la science. Mais ses pensées n'ont pas été perdues; le cabinet britannique a su les lui prendre et les appliquer. Pendant son séjour dans l'Inde, il traduisit un dictionnaire zend et pelvi et le Zend-Avesta; il se proposait d'aller à Bénarès, étudier les langues et les livres sacrés des Hindous, lorsque la prise de Pondichéry par les Anglais le força de revenir en France. A son retour, il donna à la Bibliothèque royale 180 manuscrits indiens, et en 1771 il publia sa traduction du Zend-Avesta. Nous avons déjà signalé l'influence de cette publication. L'horizon de l'orientalisme s'agrandit tout-à-coup et les esprits se préparèrent aux découvertes ultérieures de l'érudition et de la philosophie.

Court de Gébelin (mort en 1784), sans contredit le plus grand philologue du dix-huitième siècle par ses connaissances immenses, profondes, et surtout par son aspiration vers l'avenir, ouvrit une voie nouvelle à la philologie. Son *Monde primitif* (9 vol. in-4º, 1773 à 1784) clôt dignement le dix-huitième siècle, résume toute la science de l'époque, et détermine plus que tout autre livre l'impulsion de l'orientalisme moderne. Court de Gébelin était lié avec les encyclopédistes et les économistes; c'est au contact de ces hommes qu'il puisa cet esprit de synthèse qui rend surtout son œuvre remarquable. Le premier, il appliqua toutes les ressources de la philosophie à l'étude de la philologie, et sut comprendre les rapports intimes qui existent entre toutes les langues de ce monde.

Le titre même de son livre, *Le monde primitif analysé et comparé avec le monde moderne*, indique nettement l'idée qu'il se propose de développer; cet ouvrage est, en vérité, l'introduction d'une histoire de l'humanité, telle qu'on pouvait comprendre cette histoire au dix-huitième siècle : on y trouve exposés des axiomes hardis pour le temps. — « Il y a une chaîne continue qui lie tout à l'homme ; » il ne faut que bien connaître l'anneau d'aujourd'hui pour » connaître ceux de tous les siècles. » Gébelin admet le progrès, le perfectionnement de toutes choses, et explique par le perfectionnement les modifications apportées à toutes choses. Ce qui l'occupe surtout, c'est le monde antérieur aux Grecs et aux Romains, ce sont par conséquent les origines mêmes de la société qu'il étudie, et sur lesquelles il jette une grande clarté, malgré bien des erreurs.

Dans ce grand travail, Court de Gébelin étudie principalement les langues; en effet, leur nature, leurs filiations sont surtout importantes pour débrouiller ces graves questions d'origine. Passons enfin à l'analyse de son livre. Le premier volume intitulé : *Allégories orientales*, comprend une série de recherches sur la mythologie. Les idées de Gébelin sur les mythes ont une grande valeur et ont eu aussi une grande influence sur l'interprétation moderne des mythes; il considère la mythologie ancienne comme un ensemble de mythes nés de la religion et la symbolisant.

Le second volume nous intéresse davantage; il contient la grammaire universelle. Si Gébelin eût eu à sa disposition la connaissance des langues zende et sanskrite, il aurait évité bien des erreurs, négligé bien des chimères, et certes il aurait mieux vu la vérité; mais en se plaçant dans son temps, et en ne tenant compte que des instrumens dont il pouvait se servir, on doit convenir qu'il était impossible de faire mieux. « Cette portion de nos recherches, dit-il, est aussi piquante par sa nouveauté que décisive pour le succès de notre travail. En effet, si nous réussissons à démontrer l'analogie de toutes les langues, à les réduire toutes à une seule, à une langue primitive et donnée par la nature, dans laquelle les hommes aient toujours été et seront toujours obligés de puiser leurs mots, il ne restera plus de doute sur les autres portions de notre entreprise, qui n'en seront que des conséquences. »

Ce qu'il se propose de créer dans cette entreprise, c'est la science étymologique, comme il dit, ou mieux de développer la philologie comparative, encore si faible et si mal étudiée de son temps. Il s'occupe d'abord de l'origine du langage, et ce qu'il en dit (p. xiij et xiiij) est peut-être ce que l'on a encore écrit de plus juste sur cette épineuse question. Puis il recherche le sens métaphysique des mots, leur mode de formation, et détermine leur valeur par l'étymologie, c'est-à-dire par la philologie comparative. Pour lui, la grammaire est le développement des règles que l'homme est obligé de suivre pour peindre ses idées; c'est ainsi qu'il définit son livre. Après, il recherche les principes généraux des langues, et combat le principe, encore admis de son temps, que les langues sont arbitraires, qu'elles sont l'effet du hasard et de la convention.

Arrivé à la grammaire comparative dont il s'occupe le premier, il essaie de faire voir « les rapports de toutes les grammaires, de quelle manière les principes communs à toutes se modifient dans chacune, avec les raisons nécessaires de chacune de ces modifications. » Les trois langues qu'il compare sont le chinois, le grec et le latin. Il est bien évident que la cause de l'imperfection de ses résultats est l'imperfection même de ses matériaux.

Le tome III de ce bel ouvrage a encore un grand intérêt pour nous ; il traite de l'histoire naturelle du langage et de l'écriture. Gébelin s'occupe alors spécialement de la philologie comparative sous le nom d'étymologie. Il réfute les bizarres systèmes de ses devanciers ; leurs idées principales étaient faciles en effet à renverser. Les uns n'admettaient aucune analogie entre les langues ; les autres admettaient, au contraire, que les langues avaient entre elles de l'analogie ; mais alors le mythe de Babel les entraînait à d'absurdes conséquences. L'hébreu était tout pour eux ; les plus hardis concluaient à ceci, par exemple, que le flamand et l'hébreu ayant de grands rapports, l'hébreu dérivait du flamand ! Gébelin renverse ces faux systèmes ; il déclare qu'il est nécessaire de réunir l'étude des langues et de la philosophie, séparées jusqu'alors. « On ne peut séparer ces » deux choses, dit-il ; la connaissance des langues fournit les » faits, la philosophie les rapproche et les lie ; par là elle » s'élève à la théorie des langues, elle préside à leur ori- » gine, elle les suit dans leurs dérivations, elle voit les » causes de leurs différences, et jamais l'altération des mots » ne peut lui faire prendre le change. » Une autre cause d'erreur, suivant Gébelin, c'est de ne comparer que peu de langues entre elles ; il en résulte nécessairement des comparaisons imparfaites ; les mots primitifs échappent. Il faut tout reprendre, dit-il ; l'art étymologique, c'est-à-dire la philologie comparative moderne, en naîtra. Gébelin avait raison : l'étude du sanskrit et du zend fit naître cette science dont ses idées devaient régler le développement.

Les dictionnaires étymologiques des langues française, latine et grecque, qu'il publia après son histoire du langage, sont aujourd'hui très défectueux, grâce aux progrès de la science. Cependant, nous devons dire, car c'est encore une gloire pour Gébelin, qu'il emploie dans ses divers ouvrages des procédés philologiques inconnus jusqu'à lui ; c'est lui qui le premier rechercha le radical des mots, le disséqua, en retrancha les suffixes et les préfixes, et compara les radicaux entre eux ; c'est lui qui le premier mit en avant cette féconde idée, que certaines prépositions, certaines désinences avaient toujours la même valeur, qu'elles donnaient dans toutes les langues, aux mots auxquels elles étaient jointes, la même signification et la même nuance. Les idées de Gébelin sont sans nul doute une des causes les plus puissantes des progrès de la philologie. On nous pardonnera à ce titre d'avoir insisté avec détail sur un homme que l'on traite souvent avec trop de légèreté et de mépris, bien qu'on lui emprunte toutes ses idées sans jamais en prévenir le lecteur.

VII.

Pendant ce temps, les études orientales étaient cultivées dans le reste de l'Europe avec moins d'ardeur et d'intelligence que par les érudits français. En cela, comme en toutes choses, l'Europe accepta l'influence de la France, et chercha à l'imiter, ou du moins à suivre au plus près sa marche si brillante et si rapide.

L'Allemagne, à cette époque, produit ses premiers orientalistes, Reiske et Jablonski ; Leibnitz la fait entrer dans le mouvement philologique. Peut-être ne devrions-nous pas parler ici de Leibnitz, qui n'a jamais écrit sur l'érudition orientale ; mais les idées de ce philosophe sur la philologie sont trop excellentes et trop élevées pour que nous passions sous silence leur auteur. Leibnitz a des idées nettes sur les langues, sur leur utilité, et surtout sur la méthode, sur le moyen de les étudier et de les faire servir aux progrès de la science. Dans sa dissertation *sur les origines des peuples, tirées surtout du caractère de leur langue* (idée importante et bien neuve alors), il constate que les langues sont du plus grand secours à l'histoire lorsqu'elle traite des époques reculées. Autre part il dit encore : « Je trouve que rien ne sert davantage à juger des connexions des peuples que les langues. » C'est avec ces idées, avec cette méthode que Leibnitz put réfuter, dans ses dissertations historiques (celle sur l'origine des Franks, par exemple), une foule d'erreurs accréditées par l'ignorance. En un mot, c'est par sa méthode, que l'on a élargie, complétée plus tard, que Leibnitz a exercé une grande influence sur la philologie, et c'est à ce titre qu'il mérite toute notre attention. Reiske (mort en 1774), l'une des illustrations de l'Université de Leipsig, fut un arabisant distingué; Jablonski (mort en 1757) est le continuateur de Kircher; ses études sur le copte et son *Panthéon égyptien* (1750) l'ont rendu célèbre. Mais c'est surtout David Michaelis (mort en 1791) que nous nous plaisons à citer : nommé professeur à Gottingue dès la création de cette célèbre Université (1745), le savant hébraisant lui donna une réputation immense; il réforma l'exégèse biblique; publia d'excellens travaux sur la langue, l'histoire et la religion des Juifs, et surtout son livre sur le droit mosaïque (1770).

Les gouvernemens soutinrent ces études: Marie-Thérèse, en 1754, fondait l'Académie de Vienne pour l'instruction de douze jeunes de langues, destinés à former des interprètes pour les relations diplomatiques; de cette école sont sortis plus tard d'exellens philologues; Marie-Thérèse faisait aussi publier une nouvelle édition du dictionnaire arabe-turc et persan de Meninski.

A la même époque, le roi de Danemark, Frédéric V, d'après l'instigation de Michaelis, faisait visiter l'Asie et l'Egypte, en 1761, par cinq orientalistes, parmi lesquels figure Niebuhr, et chargeait cette expédition d'étudier les langues, l'histoire naturelle, la géographie, les sciences et les antiquités de ces contrées (1).

VIII.

Enfin nous arrivons à l'époque de la conquête des Indes par les Anglais, et de l'institution de la Société asiatique de Calcutta.

Après la conquête du Bengale, les Anglais sentirent la nécessité d'établir une communication facile et directe entre eux et les Indiens; l'expérience avait prouvé combien il était dangereux de se fier à des interprètes. Le gouverneur Hastings résolut donc de n'employer dans l'adminis-

(1) Un des résultats de cette expédition fut, dit-on, d'appeler l'attention des Anglais sur la route de l'Inde par la Méditerranée et la mer Rouge.

tration que des Anglais versés dans les langues de l'Hindoustan. On pensionna des savans qui se livrèrent à leur étude, et composèrent des livres élémentaires ; on créa une imprimerie orientale à Calcutta ; on organisa un collége oriental dans cette ville ; on y fonda une société de savans orientalistes (1784). Dès 1778, Halhed publiait sa grammaire du bengali, langue populaire du pays. On étudia le persan pour traiter avec les nababs ; Balfour, en 1781, traduisit un recueil de protocoles usités dans les chancelleries indiennes, afin de former les diplomates ; en 1786, Gladwin publia les institutes d'Akbar, vaste encyclopédie des mœurs et de l'administration de l'Inde. On passa ensuite au sanskrit : Jones traduisit les lois de Manou et le digeste des lois hindoues : le but de ces deux traductions est assez évident ; et lorsque la Compagnie eut obtenu ce qu'elle voulait, c'est-à-dire une connaissance suffisante des lois, des usages et de l'administration des Indiens, afin d'en faire son profit pour gouverner ses immenses possessions, elle supprima le collége oriental du fort William comme inutile (1).

Cependant quelques hommes s'étaient formés pendant ce temps ; nous parlons de Jones, de Wilkins, et de Colebrooke. Malgré tout l'égoïsme mercantile de la Compagnie, et l'opposition du clergé anglican, la connaissance du sanskrit était désormais acquise à l'Europe savante. La Société de Calcutta avait, dès 1788, publié le premier volume de ses Transactions ; ce précieux recueil contenait dans l'origine d'importans mémoires sur la religion et la philosophie de l'Inde. Mais dès 1790, le puritanisme du clergé anglican s'alarma de ces révélations, et la crainte de déplaire au clergé rendit les rédacteurs des Transactions plus circonspects et leur recueil moins important. Aussi Creuzer a-t-il eu raison de faire un reproche aux membres de la Société de Calcutta d'avoir tiré si peu de parti des immenses ressources dont ils pouvaient disposer.

Malgré le clergé anglican, les révélations continuèrent ;

(1) En 1836, le gouvernement anglais, cédant aux exigences du clergé anglican, abandonna brusquement les impressions d'ouvrages indiens commencées. Prinsep les fit continuer à ses frais par la Société de Calcutta.

Jones publiait d'importans mémoires ; il traduisait le drame de Sacountala, et, comme nous l'avons déjà dit, les lois de Manou et le digeste indien ; il rapprochait le sanskrit du persan, de l'allemand et du latin, montrait ces langues sortant d'un tronc commun ; il rapprochait aussi les religions de l'Inde de celles de l'Egypte et de la Grèce, et agrandissait ainsi le champ de l'orientalisme.

Wilkins, Colebrooke, et surtout le généreux Prinsep, que l'on ne peut guère séparer de Jones dans l'initiation de l'Europe savante à la connaissance du sanskrit, publiaient, dès 1785, le Bagavat-Gîta à Londres; l'Hitopadesa en 1787 ; Colebrooke et Wilkins publiaient (1805-1808) leurs grammaires sanskrites, et le premier (1808) le dictionnaire d'Amera-Singa. L'Europe adoptait cette nouvelle étude, et bientôt elle s'y livra avec ardeur. Il en résulta, comme on l'a dit, « la plus éclatante lumière qui soit jamais venue de l'Orient. » On toucha à l'histoire primitive de l'esprit humain, aux origines de la religion, de la philosophie et de la civilisation ; et bientôt, lorsque la France prit part à ces études, on entreprit le travail le plus important et le plus fécond en résultats qu'il ait encore été donné à la philosophie d'entreprendre.

Nous avons déjà signalé l'intérêt qu'avait l'Angleterre à l'étude des langues orientales ; on ne sera pas surpris d'apprendre que cinq sociétés se sont formées, soit en Angleterre, soit dans les Indes, pour développer ces études et publier les travaux de ceux qui s'y livrent ; il s'est établi aussi à Londres un comité de traductions, fondé par lord Munster, dont le but est de publier la traduction des principaux ouvrages orientaux anciens et modernes. Déjà cinquante-trois ouvrages ont été imprimés depuis 1829 ; ce sont des traductions anglaises, françaises et latines d'ouvrages généralement importans, tels que le *Rig-Véda*, traduit en latin par Rosen. Cette protection accordée aux lettres orientales est due, non pas au gouvernement, qui a toujours cédé aux intrigues du parti anti-oriental, c'est-à-dire du clergé anglican, peu ami de ces études et du développement de la philosophie, mais bien à de simples particuliers, qui ont pu obtenir d'aussi grands résultats en formant des associations bien organisées.

IX.

Il nous faut reprendre l'histoire de l'orientalisme en Europe et surtout en Allemagne depuis la seconde moitié du dix-huitième siècle. La philologie y prenait une grande extension. Adelung, en 1806, publiait à Berlin son Mithridate (1); c'est aussi le temps où Grimm composait sa célèbre Grammaire des dialectes teutoniques. L'Allemagne entrait ainsi, à la suite de Postel et de Gesner, agrandis par Leibnitz, dans le vaste champ de la philologie comparative, qu'elle devait plus tard cultiver avec tant de persévérance. En même temps les travaux d'Anquetil-Duperron exerçaient une influence toute-puissante sur l'Allemagne. Dès qu'elle eut la traduction allemande du Zend-Avesta que lui donna Kleuker en 1786 (3 vol. in-8°. Riga), l'Allemagne se mit à étudier avec ardeur l'antiquité orientale. Comme en France, on s'en occupa d'abord au point de vue de l'histoire : Herder, imitateur de Voltaire, au moins dans la forme, écrivait en 1784, d'après l'Essai sur les mœurs des nations, ses *Idées sur la philosophie de l'histoire*. Heeren, en 1793, publiait la première édition de son livre sur le commerce et la politique des peuples de l'antiquité. Sans les événemens, l'Allemagne eût avancé plus vite dans la carrière; mais, tout occupée de la guerre, cette contrée resta en arrière de la France et de l'Angleterre. On a de ce fait une preuve évidente; car en 1815, lorsque Heeren publia la troisième édition de l'ouvrage que nous citions tout-à-l'heure, il ignorait les travaux récens des Anglais sur l'Hindoustan. A la paix, l'Allemagne tout entière sembla vouloir réparer le temps qu'elle avait perdu malgré elle, et, dès 1819, une infatigable cohorte d'orientalistes s'est livrée à l'étude du sanskrit, du chinois, et, pour être plus court, de toutes les langues anciennes et modernes de l'Asie : la critique et la publication des textes, l'ethnologie, la philologie et la grammaire comparées, ont été l'occa-

(1) Déjà en 1786 Pallas avait publié son Vocabulaire de toutes les langues du monde, et Hervas, en 1800, son Catalogue des langues des nations connues; Adelung compléta les travaux de ces savans de Pétersbourg et de Madrid, qui eux-mêmes avaient continué notre Postel.

sion d'un grand nombre de travaux dont nous parlerons plus loin. Mais il est à regretter que l'Allemagne ne donne pas plus de traductions. Combien peu de personnes peuvent profiter aujourd'hui d'un texte sanskrit publié sans traduction et sans commentaire !

Nous devons dire qu'encore à cette époque c'est la France qui a donné l'impulsion à l'Allemagne; les savans d'outre-Rhin ont été initiés par notre grand de Sacy à l'étude des langues orientales. Lorsque M. Bopp, le premier Allemand, après M. F. Schlegel, qui ait étudié le sanskrit, vint à Paris, de 1812 à 1817, étudier ce que l'on y savait sur l'Inde, il trouva dans M. Chézy le professeur qu'il cherchait, et dans M. de Sacy un protecteur aussi généreux que savant. De Paris, M. Bopp se rendit à Londres; et enfin, en 1816, il publia son système de Conjugaison de la langue sanskrite comparée avec celui des langues grecque, latine, persane et allemande, avec la traduction de quelques épisodes tirés des poëmes indiens. Deux ans après, il publiait l'épisode de Nalus, premier texte sanskrit imprimé sur le continent européen, et fondait ainsi la savante école de Berlin. Bientôt après, Guillaume Schlegel, Klaproth, Lassen, Rosen, Humboldt, et une foule d'autres érudits, surent par leurs travaux donner à l'Allemagne le rang qu'elle occupe actuellement dans l'érudition orientale.

X.

Nous avons laissé l'histoire de l'orientalisme en France à l'époque de la publication du Zend-Avesta par Anquetil-Duperron; nous avons constaté l'immense influence exercée par les œuvres de ce savant sur l'Europe entière, et spécialement sur l'Allemagne. Pendant ce temps, le mouvement ne se ralentissait pas en France; le ministre de Breteuil, en ordonnant (1785) la publication de l'important recueil des *Notices et extraits des manuscrits de la Bibliothèque Royale*, et en chargeant de Guignes et de Sacy de ce travail, rendait un grand service aux études orientales. De nouveaux travaux apparaissaient chaque jour, lorsque la révolution éclata. Un instant la tourmente arrêta l'érudition orientale; cependant, en 1795, de Sacy publiait ses *Mémoires sur la Perse au temps des Sassanides*. Bientôt la Convention s'occupa des langues orientales. Le 10 germinal an III, Lakanal fit à la Convention, au nom du Comité d'instruction publique, un rapport sur les langues orientales, commerciales et diplomatiques; dans ce rapport, le savant conventionnel exposait la nécessité d'étudier les langues modernes orientales pour le service de la diplomatie et des consulats du Levant, aussi bien que pour les relations commerciales de la France avec l'Asie. Arrivant aux langues orientales anciennes, il disait : « La connaissance de ces diverses langues (le sanskrit, le zend, l'hébreu, etc.) est indispensable pour approfondir les antiquités de l'Asie; mais les travaux de ce genre ne se poursuivent avec succès que dans ce recueillement profond qui n'est pas compatible avec les agitations qui accompagnent inévitablement les grandes révolutions. » En conséquence, il proposait d'établir à la Bibliothèque royale, si riche en manuscrits orientaux, une école de langues orientales vivantes d'une utilité reconnue pour la politique et le commerce; la Convention adopta cette proposition, et créa l'école des langues orientales; elle y fonda des chaires d'arabe littéraire et vulgaire, de turc, de tartare de Crimée, et de persan (1). Cette protection que le gouvernement accordait aux langues orientales se fit sentir bientôt par ses résultats. Il est aussi un fait qui vint donner une nouvelle activité à l'étude de l'antiquité orientale, c'est l'expédition d'Egypte. Pendant que les Anglais conquéraient et exploraient l'Inde, nos armées conquéraient l'Egypte, et l'Institut d'Egypte travaillait avec ardeur à reconstituer le passé de cette vieille terre, et l'on sait de quels succès ses efforts ont été couronnés. Ce n'est pas le hasard ou la volonté de quelques individus qui ont amené ces résultats, c'est la volonté du gouvernement, secondé par l'action générale du pays. L'une des gloires de notre patrie est d'avoir toujours fait tourner les guerres qu'elle a entreprises au profit de la civilisation; et quel général a jamais dit à ses soldats ces paroles que Bonaparte adressait, en 1798, à l'ar-

(1) On y a ajouté depuis des cours d'arménien, d'hindoustani, de chinois vulgaire, de malais et de thibétain.

mée d'Egypte : *Soldats, vous allez entreprendre une guerre dont les résultats pour la civilisation et le commerce du monde sont incalculables !*

A cette époque, Sylvestre de Sacy commençait à produire cette incroyable quantité de livres, de mémoires, de dissertations et d'articles sur l'histoire, la chronologie, la géographie, la religion, la littérature, la grammaire, les monumens, les inscriptions et les monnaies de l'Orient. La Perse, l'Arabie, l'Egypte, l'Ethiopie, la Chine, attirèrent tour à tour son attention. Il eut pour élèves presque tous les orientalistes de l'Europe, MM. Chézy, E. Quatremère, Jaubert, Garcin de Tassy, Reinaud, et MM. Freitag, Kosegarten, Rassmussen, Haughton; ceux qui ne furent pas ses élèves, comme M. Bopp, subirent au moins son influence ou profitèrent de ses conseils, de ses livres ou de son exemple.

En 1804, Anquetil-Duperron publiait les *Oupnek'hat*, et terminait ainsi sa carrière si pleine de dévouement à la science. Cet homme, qui lie le dix-huitième et le dix-neuvième siècle, écrivait alors aux brahmanes de l'Inde, auxquels il dédia le second volume de son ouvrage : « Ecoutez, je vous prie, quelle est ma manière de vivre; elle ressemble à la vôtre : du lait, du fromage, de l'eau de puits, le tout valant quatre sous de France, et le douzième d'une de vos roupies indiennes, voilà ma nourriture de chaque jour. Du feu en hiver, de la plume et même des draps sur mon lit, ce sont là choses dont l'usage est inconnu pour moi. Sans fortune désormais, sans emploi, sans traitement, mais du reste me portant assez bien, vu mon âge et mes fatigues, c'est dans mes travaux littéraires que j'ai à chercher ma vie. »

Nous tenions à citer ces lignes : on conçoit plus facilement comment la France a pu acquérir une si haute place dans l'érudition, lorsque l'on sait quel était le dévouement des hommes qui lui ont conquis ce rang.

En même temps qu'Anquetil commençait à faire connaître à l'Europe la religion de l'Inde par cette publication des *Upanischads*, qui a tant servi aux savans anglais, bien qu'ils n'en aient jamais parlé, Champollion publiait ses importans travaux sur l'Egypte, et créait une nouvelle science. M. Chézy professait pour la première fois, en Europe, la langue sanskrite, et Abel Rémusat rétablissait, en France, l'étude du chinois. A cette époque (1822), la Société asiatique de Paris se constituait sous la présidence de M. de Sacy. Abel Rémusat traçait, avec une netteté de vues aussi remarquable que la profondeur de sa pensée, le but de la Société ; il voulait qu'elle devînt un centre pour les études orientales, qu'elle développât la connaissance des langues de l'Asie en publiant des grammaires, des dictionnaires, en acquérant des manuscrits, en les publiant et en les traduisant. Puis, dans son discours d'ouverture, M. de Sacy, complétant le programme de Rémusat, achevait de donner à la Société de Paris le caractère éminemment philosophique qui la distingue. Aussi est-elle bientôt devenue le vrai centre européen de la philologie orientale : elle donne l'impulsion ; son journal résume le mouvement de l'orientalisme ; il juge ce qui se fait ; c'est un tribunal dont les décisions font autorité ; sa critique est sérieuse, et continue merveilleusement cette critique française, que l'on est trop disposé à croire détruite aujourd'hui. Aussi est-ce à elle que les Anglais envoient d'Asie les livres sacrés du Tibet (100 volumes en tibétain), et les livres sacrés du Népal (80 volumes en sanskrit), parce qu'ils savent que chez nous se trouveront des hommes assez indépendans et assez instruits pour les faire connaître à l'Europe (1).

De nos jours l'érudition orientale a gagné en étendue et en profondeur. Comprenant largement le point de départ, les moyens, le but et les rapports de leurs travaux avec la théologie, la philosophie et l'histoire générale, les érudits français et leurs élèves ont donné à l'orientalisme une importance qu'il n'avait pas encore eue jusqu'ici, et dont les effets sont manifestes. Nous n'en voulons citer d'autres preuves que la série des travaux de M. Eugène Burnouf. Elève de Chézy, il étudia le sanskrit, et après avoir appris cette langue, il voulut savoir ce qu'elle était dans le temps et dans l'espace ; il étudia alors le pali, et se convainquit que cet idiome, cultivé à Ceylan et dans l'Indo-Chine, était

(1) M. Foucaud a commencé à traduire les premiers, et M. Eugène Burnouf les seconds. (Voy. plus loin.)

un italien du sanskrit, et que par suite le pali avait été porté de l'Inde dans l'Indo-Chine, et cela lors de l'invasion du Buddhisme dans ce pays. Puis, après avoir constaté l'antériorité du sanskrit sur les langues parlées à l'est de l'Hindoustan, il rechercha si le sanskrit était également postérieur ou bien antérieur aux langues parlées au nord-ouest de l'Hindoustan, dans ces vieilles contrées de l'Arie et de la Bactriane. Le résultat de ces recherches fut que le zend, la langue antique de l'Arie, est congénère du sanskrit classique, mais plus ancien ; que le sanskrit présente déjà de nombreuses traces d'une culture plus avancée ; que le zend lui-même présente aussi, en moins grande quantité il est vrai, quelques altérations ; que dès lors on doit les regarder comme deux langues dérivant d'une même source, inconnue et sans doute perdue à jamais. Un autre résultat de ces recherches philologiques fut la publication du Commentaire sur le *Yaçna*, et la création de l'étude de la langue zende. Il devint dès lors constaté que le plateau arien avait été le point de départ de deux courants : l'un arien-brahmanique, qui a couvert l'Inde, et, par le Buddhisme, l'Asie orientale ; l'autre, arien-bactrien, qui a enfanté les diverses civilisations de l'Asie occidentale et de l'Europe. Continuant ses importantes recherches, après avoir constaté ce qu'était le sanskrit dans l'espace, après lui avoir fixé pour théâtre l'Hindoustan, M. Burnouf a voulu savoir ce qu'était, dans le temps, la civilisation dont la langue sanskrite était l'expression. Il a publié alors le Bhâgavata Purâna, afin de faire connaître les généalogies (livre IX), qui, comparées avec celles des autres Purânas, et les traditions épiques du Mahabahrata, donneront les seuls renseignemens historiques que l'on puisse vraisemblablement obtenir des livres sanskrits. Puis enfin, après avoir précisé la question sur l'Arie, sur les origines ariennes de l'Europe, sur le sanskrit et le vrai rôle de la civilisation hindoue, venue du nord de l'Inde, conquérant le sud de la presqu'île et débordant sur l'Indo-Chine, il a voulu compléter ses études sur le Buddhisme, c'est-à-dire sur le courant religieux de l'Asie orientale. M. Burnouf avait déjà fait connaître le pali et mis sur la voie du Buddhisme de l'Asie méridionale. Il a voulu éclairer l'histoire du Buddhisme septentrional, du Buddhisme du Tibet, et, pour cela, il a traduit, d'après un sanskrit très altéré, un des livres sacrés du Népal (le lotus de la bonne loi), sources des traductions tibétaines et de la religion des peuples de l'Asie centrale.

Tels sont les travaux qui s'accomplissent en France sous nos yeux ; c'est à eux que l'histoire et la philosophie doivent ce caractère de netteté et de précision qu'elles ont acquis depuis quelques années, dans notre patrie, en réagissant sur nos voisins.

Ce sont ces travaux qui nous donnent le droit de dire qu'aujourd'hui, comme toujours, la France est à la tête des hautes études. Que l'on glane après elle dans le champ de l'antiquité grecque, peu importe ; elle a eu ses hellénistes qui ont instruit l'Europe. Aujourd'hui la question est déplacée; il ne s'agit plus d'Athènes, il s'agit de l'Orient : c'est encore la France qui défriche ce vieux sol inexploré, et qui ouvre la route sur laquelle doivent être encore fiers de marcher ceux qui ne viennent qu'après elle.

ARIE.

Jusqu'à présent nous avons écrit l'histoire générale de l'érudition orientale : nous avons recherché quel esprit avait dirigé ces études et nous avons montré leurs progrès. Il nous faut maintenant aborder un autre sujet moins attrayant, mais aussi utile ; il faut constater ce que l'érudition orientale a produit dans ses diverses branches, et apprécier toute l'étendue des travaux des orientalistes.

Nous croyons devoir d'abord expliquer le plan que nous avons adopté. Nous dirons donc que, pour nous, l'Orient est cette partie de l'Asie de laquelle dérive la civilisation de l'Europe, et qui est peuplée par des races identiques à celles de cette contrée. Ainsi on s'explique pourquoi nous ne parlerons pas ici de l'Asie musulmane, car nous ne dérivons pas de l'islamisme ; ce qui regarde la littérature des Arabes est traité dans un autre article de ce recueil. L'érudition hébraïque, toute spéciale, aura un article spécial. Nous ne parlerons pas non plus des travaux des missionnaires pour propager la foi catholique en Orient ; ce sera le sujet d'un autre article qui complétera celui-ci : en effet, nous ne voulons nous occuper que des travaux relatifs aux origines de la civilisation de l'Europe, et non pas de ceux qui sont relatifs à la propagation de cette civilisation ; ce sont deux sujets qui se touchent, mais qui sont distincts.

Si nous commençons notre travail par l'Arie, c'est que les racines de notre civilisation sont dans ce pays, et qu'à ce titre il a le droit d'appeler d'abord notre attention.

Les livres sacrés de Zoroastre et quelques traditions conservées dans les auteurs grecs et musulmans, sont les seuls restes de l'antique société de l'Arie. L'érudition, privée de la connaissance des livres de Zoroastre, n'a pû s'occuper pendant long-temps de l'Arie que d'après les Grecs et les Musulmans. Bien que les résultats de ces travaux aient été faibles, nous allons entreprendre leur histoire : il est toujours intéressant de connaître les efforts de l'esprit humain pour arriver à la vérité.

Le premier livre qui attira l'attention des savans sur la religion de Zoroastre est l'ouvrage de Hyde, professeur de langues orientales à Oxford (mort en 1703). Ce livre, publié en 1700 (in-4°), est intitulé *Veterum Persarum et Magorum religionis historia*.

Cet ouvrage a joui long-temps et jouit encore, surtout en Angleterre, d'une immense réputation. Il faut avouer que l'auteur y fait preuve d'une vaste érudition, et de la connaissance de presque tous les idiomes de l'Asie. C'était la première fois que l'on voyait les auteurs orientaux employés à confirmer, développer ou rectifier les récits des écrivains grecs et latins touchant la religion des anciens Persans.

Il faut avouer aussi qu'il y a une grande liberté de penser dans ce livre : Hyde se fait ouvertement le défenseur de la religion de Zoroastre. Frappé de la conformité de cette religion avec celle des Juifs, il ne va pas jusqu'à conclure que Moïse dérive de Zoroastre [il dit même (c. 2) que Zoroastre a enseigné aux Perses la religion d'Abraham, et que Zoroastre n'ignorait pas la Bible (c. 4)], mais il va jusqu'à soutenir que, depuis le déluge jusqu'à nous (les Guèbres), il a subsisté un peuple qui, sans interruption, a conservé dans toute sa pureté la religion naturelle et le vrai culte de

Dieu, sans le secours d'aucune révélation. Hyde s'inscrit en faux contre les accusations de dualisme et d'adoration du feu lancées contre la religion des Perses, et il explique ces croyances. On conçoit que ce livre était de nature à frapper vivement les esprits; il souleva, en effet, une polémique active et excita un grand intérêt. En France, l'académicien Foucher composa son Traité historique de la religion des Perses (douze Mémoires insérés dans les Mémoires de l'Académie des Inscriptions et Belles-Lettres), pour réfuter l'ouvrage de Hyde, et servir, dit-il, à la religion en prouvant que les Perses étaient idolâtres, dualistes et sabéistes. Malgré l'étroitesse de son point de vue, le livre de Foucher est encore intéressant à consulter.

On a dit (Prideaux, *Hist. des Juifs*, liv. IV) que Hyde entendait l'ancien persan aussi bien que le moderne, qu'il avait rassemblé les livres de Zoroastre et qu'il se disposait à les faire imprimer en caractères de l'ancien perse (zend); rien n'est plus faux.

Hyde ne savait pas le zend : il ne se servit, pour rédiger son ouvrage, que des auteurs arabes, persans et turcs, et son ignorance était telle sur cette question, qu'il croyait que les livres de Zoroastre avaient été composés en pehlevi. Le fait est que l'on trouva un alphabet de la langue zende dans les papiers de ce savant; mais personne ne savait cette langue, et lorsque l'Anglais George Bourchier apporta en Europe (en 1725) le Vendidad-Sadé, que les Parses lui avaient donné, on ne put en déchiffrer les caractères.

On recherchait cependant quelle pouvait être l'ancienne langue de la Perse; on en recueillit les débris conservés dans les historiens grecs. En 1706, Reland, professeur d'hébreu à l'Université d'Utrecht (mort en 1719), publiait un Mémoire sur les restes de l'ancienne langue de la Perse. Ce savant orientaliste, en réunissant les recherches de Gesner (*Mithridate*), de Brisson (*De regio Persarum principatu*) et de Burton (*Historia linguæ persicæ*) à ses propres travaux, tenta l'explication de cent cinquante mots de l'ancien persan, tirés des auteurs grecs, et cela à l'aide du persan moderne, de l'arabe et du turc : ce sont en général des noms propres. Ce travail était fait avec science et intelligence, mais ne pouvait avoir de grands résultats. Le zend restait toujours inconnu.

L'Ecossais Frazer fit un voyage à Surate pour recueillir les ouvrages de Zoroastre. Il put bien se procurer l'Izeschné et les Ieschts; mais il ne put obtenir des prêtres qu'ils lui enseignassent ni le zend ni le pehlevi.

En 1754, Anquetil-Duperron eut occasion de voir à Paris quatre feuillets zends calqués sur le Vendidad-Sadé d'Oxford; ce fut alors qu'il forma le projet d'aller étudier le zend en Asie, ainsi que le *Sanskretam*, pour interpréter les *Vèdes*, et faire ainsi connaître les monumens les plus anciens de la théologie asiatique.

Nous avons déjà parlé d'Anquetil : on sait que ses efforts furent couronnés de succès, qu'il rapporta en France les livres de Zoroastre, et qu'en 1771 il en publia la traduction sous le titre de *Zend-Avesta* (3 vol. in-4º).

Les livres zends qu'Anquetil se procura dans l'Inde ne forment cependant qu'une médiocre partie de l'ensemble de ceux qui portent le nom de Zoroastre. Ces livres (*Naçkas*) étaient au nombre de vingt et un, et nous ne possédons qu'une partie du vingtième naçka, appelé par les Parses *Vendidad*. Ce naçka est fort important par les nombreuses notions qu'il fournit sur la géographie et les institutions religieuses et civiles de l'Arie. Au Vendidad il faut ajouter le *Yaçna* (*Izeschné* en pehlevi) ou livre de la liturgie, dans lequel on retrouve des fragmens de quelques autres naçkas. Ce livre est accompagné d'un recueil d'invocations appelé *Vispered*. Les prêtres parses réunissent en un seul corps d'ouvrage ces trois livres, et lui donnent le nom de *Vendidad-sadé*. Les Parses ont encore conservé d'anciennes prières appelées *Ieschts* et *Neaeschs*, très intéressantes sous le rapport philosophique et religieux. Tous ces écrits ont été traduits par Anquetil, et, de plus, il a donné la traduction du *Si Rouzé* ou office des morts et du *Boun dehesch*, traduction pehlevie fort altérée d'un livre de Zoroastre sur la cosmogonie; il a enfin enrichi son ouvrage d'un vocabulaire zend et pehlevi. Anquetil donna, avons-nous dit, à la Bibliothèque royale, les manuscrits d'après lesquels les prêtres parses lui avaient traduit leurs livres sacrés ; mais de long-temps personne ne devait s'en servir pour critiquer et améliorer son œuvre.

« Les savans purent croire, dit M. Eug. Burnouf (Avant Propos du commentaire *sur le Yaçna*, p. ij), que les institutions religieuses et civiles des Parses, que leurs mœurs, leurs usages, leurs langues et une portion notable de leur littérature sacrée étaient définitivement connus. Tout n'était pas fait cependant pour l'intelligence des ouvrages sur lesquels s'exerçait déjà la critique historique. Les textes n'en étaient pas publiés, la langue en était complétement inconnue, on ne possédait ni un ouvrage grammatical qui en contînt les élémens, ni un lexique qui fournît le moyen d'en apprendre la terminologie. Un très court vocabulaire zend et pehlevi avait été joint par Anquetil au troisième volume de son Zend-Avesta ; mais quoique Paulin de Saint-Barthélemy, aidé de ce vocabulaire, pût déjà soupçonner que le zend appartenait à la même famille que le sanskrit et les idiomes savans de l'Europe, ce fragment, et quelques détails peu précis sur la grammaire zende, consignés par Anquetil dans les Mémoires de l'Académie des Inscriptions formaient tout ce qu'on possédait sur la langue dans laquelle nous ont été conservés les livres de Zoroastre. »

Entraîné par l'exemple d'Anquetil, le savant philologue danois, Rask, entreprit, en 1819, un voyage en Asie pour trouver de nouveaux textes zends. Il eut le bonheur de se procurer une partie des manuscrits dont ceux d'Anquetil n'étaient que des copies ; il rapporta en Europe cent treize manuscrits, dont dix-neuf en zend, et les autres en pehlevi ; mais ces manuscrits se trouvaient déjà à Londres dans la riche collection de la Compagnie des Indes, et un seul fragment très court n'avait pas été connu d'Anquetil. Pendant son séjour de quatre années en Asie, Rask s'occupa de la langue zende, et ses rapports avec les Parses de Bombay le mirent à même de donner à l'alphabet zend une précision qu'il n'avait pas eue jusqu'à lui ; il consigna le résultat de ses recherches dans un mémoire qui fut traduit en allemand, et publié à part, en 1826, sous le titre de *Ueber das alter und die echtheit der zend sprache und des zendavesta* (De l'antiquité et de l'authenticité de la langue zende et du zend-avesta). Cette dissertation, malgré sa brièveté, fut une précieuse acquisition pour les études zendes.

Cependant on en restait toujours à la traduction d'Anquetil, et nul n'osait aborder la traduction du Vendidad-Sadé, d'après le zend. M. Eugène Burnouf entreprit cette tâche difficile; il commença par publier le texte du Vendidad-Sadé (9 livraisons sur 10 sont parues, in-f°). En même temps, M. Olshausen de Kiel publiait la première livraison d'une autre édition du Vendidad-Sadé. Partant d'un faux point de vue, l'explication de ces textes par les langues sémitiques, M. Olshausen ne put joindre aucune interprétation au texte qu'il publiait, et jugea même à propos d'en rester à la première livraison.

Cependant la religion de Zoroastre attirait l'attention des esprits. M. Mohl, en 1829, publiait à Paris (in-8°) les fragmens relatifs à la religion de Zoroastre, extraits des manuscrits persans de la Bibliothèque du roi. En 1831, M. Vullers publiait à Bonn (in-8°) les fragmens sur la religion de Zoroastre, traduits du persan en allemand.

Enfin, en 1834, M. Eugène Burnouf publia son commentaire sur le Yaçna (2 vol. in-4°, Paris, 1834). Partant d'une base vraie, l'interprétation du zend par la langue la plus voisine, le sanskrit, et favorisé par la traduction sanskrite du Yaçna par Neriosengh, M. Burnouf donna à la philologie comparée la plus grande application qu'elle ait encore reçue, c'est-à-dire qu'en composant son commentaire sur le Yaçna, qui est tout à la fois une grammaire et un dictionnaire raisonnés de la langue zende sous la forme d'une analyse perpétuelle, il créa l'étude du zend; je dirais presque qu'il recréa cette langue à l'aide seule de la comparaison de ses vocables avec ceux des idiomes indo-européens.

« Lorsque ce commentaire sera achevé, dit M. Burnouf, mon intention est de le faire suivre du texte du Yaçna, tel que la discussion des variantes m'aura permis de le fixer ; j'y joindrai la traduction française avec les corrections que j'aurai pu faire à celle d'Anquetil. Je passerai alors au Vispered, dont la traduction est déjà très avancée. »

Depuis la publication du commentaire sur le Yaçna,

M. Burnouf a publié, dans le Journal asiatique (3ᵉ série, xᵉ vol.), un travail fort curieux sous le titre d'*Etudes sur la langue et les textes zends*. M. Burnouf a rassemblé dans ce Mémoire tous les textes du Vendidad-Sadé, relatifs à la théorie de la résurrection, et il s'est occupé de comparer le zend avec le sanskrit védique, plus connu aujourd'hui. Les résultats de ses premiers travaux se trouvent de plus en plus confirmés.

Bien que les études dont nous venons de raconter l'origine et l'histoire soient toutes nouvelles, leurs conséquences sont déjà considérables; le texte zend du Vendidad-Sadé a été publié en France, et cette édition a précédé l'impression de celle qu'ont faite récemment de cet ouvrage les Parses de Bombay; une partie du Yaçna est traduite, et la fin suivra bientôt, sans doute, ce qui a paru; le mazdéisme a pu être apprécié et comparé avec les autres religions; la philologie et l'ethnologie ont été éclairées, et de nouvelles questions ont été soulevées; une partie des inscriptions cunéiformes a été traduite; les inscriptions lyciennes, jusqu'ici inexpliquées, semblent devoir être interprétées à l'aide du zend (voy. l'ouvrage de M. Ch. Fellows, Londres, in-4º, 1841, intitulé: *An account of discoveries in Lycia*); l'influence de l'Arie sur l'Asie occidentale a été démontrée, sur un point restreint, il est vrai, dans l'ouvrage de MM. Benfey et Stern, intitulé: Sur les noms des mois chez quelques anciens peuples, et en particulier chez les Perses, les Cappadociens, les Juifs et les Syriens (en allemand, Berlin, 1 vol. in-8º, 1836). Les noms des mois hébreux, regardés jusqu'à présent comme chaldéens et inexplicables, sont d'origine zende, et s'expliquent par cette langue; les noms du calendrier cappadocien dérivent du calendrier arien, et s'expliquent par les noms des divinités de l'ancienne Arie: telles sont les principales conclusions de ce savant ouvrage (voy. dans le *Journal des Savants*, de 1837, deux articles de M. Eugène Burnouf sur ce livre).

Nous tenions à constater ces résultats, parce qu'ils prouvent combien les études orientales sont fertiles en conséquences, et combien toutes les connaissances ont déjà gagné et ont encore à gagner de leurs progrès.

PERSE.

De l'Arie la religion de Zoroastre se répandit dans la Médie et dans la Perse, et, à proprement parler, ce n'est que dans l'histoire de ces états que l'on peut étudier les développemens du mazdéisme. L'histoire de la Perse présente diverses questions dont il est utile de parler dans cet article; la plus importante est sans contredit celle des cunéiformes.

§ 1. *Cunéiformes.*

Sans entrer ici, à propos de cette écriture, dans des détails qui ont été donnés dans les articles ECRITURE et PERSE, nous nous contenterons d'indiquer aussi complétement que nous pourrons le faire, l'histoire du déchiffrement des inscriptions cunéiformes.

L'archéologie n'a pris, de notre temps, l'immense développement que nous lui voyons que parce qu'en réalité elle est la source la plus certaine de l'histoire; et, comme les historiens grecs qui nous parlent de la Perse, non seulement diffèrent entre eux d'une manière notable, mais sont dans le désaccord le plus complet avec les historiens persans modernes qui ont rassemblé les traditions antiques de leur patrie, l'historien embarrassé attend la lumière des inscriptions monumentales de la Perse, si nombreuses et si étendues.

L'importance de ces inscriptions est analogue à celle des hiéroglyphes de l'Egypte; ce sont de vraies légendes historiques, authentiques, sculptées pendant le temps même où se passaient les événemens qu'elles racontent, sous les yeux des acteurs de ces événemens, ou tout au moins à une époque où les souvenirs étaient encore vivans. On conçoit donc quelles lumières peuvent être fournies à l'historien par ces inscriptions.

Nous pensons que le premier savant qui se livra à l'étude des inscriptions cunéiformes est le Danois Munter, qui, en 1798, lut à l'Académie de Copenhague un mémoire sur cette question (publié en 1802, sous le titre de : *Essai sur les inscriptions cunéiformes*). Munter admet trois sortes d'écritures cunéiformes, l'une alphabétique, l'autre syllabique, la troisième monogrammatique ; il croit que la langue de ces inscriptions est le zend pour les inscriptions religieuses, et le pehlevi pour celles qui traitent de politique : le travail de Munter ne donne cependant aucune solution, n'éclaircit aucun doute, et nous n'en parlons que parce qu'il a le mérite d'ouvrir la série des travaux entrepris sur les cunéiformes.

En 1798, Tychsen de Rostock et Herder s'occupèrent du déchiffrement de ces écritures, mais n'avancèrent pas la question. A la même époque, Lichtenstein publia dans le *Braunschweigisches Magasin* un mémoire sur ce sujet ; il regardait les cunéiformes comme une variété de l'ancien caractère cufique, et supposait que la langue de ces écritures était l'arabe ! Il expliqua, à l'aide de ce système, les caractères tracés sur une brique babylonienne, et Hager inséra dans le *Monthly Magazine* cette prétendue explication. Lichtenstein interpréta à l'aide du persan moderne une inscription de Persépolis ; il interpréta aussi le cylindre babylonien de la Bibliothèque royale de Paris. Les travaux de ce savant, analysés par M. de Sacy (Lettre à Millin, *Magaz. encyclop.*, 1803, t. V, p. 438), n'ont pas eu plus de résultats que ceux de ses contemporains, et même, on doit le dire, leur auteur était en dehors de la vraie route.

Grotefend, qui, depuis 1802, se livrait à l'étude des cunéiformes, consigna le résultat de ses recherches dans les Annales scientifiques de Gœttingue et dans les Mines de l'Orient. Grotefend admit que la langue de ces inscriptions était le zend ; mais il ne pouvait se servir de cette langue pour les interpréter ; il ne put arriver qu'à lire deux mots : *Darius* et *Xerxès*.

M. Rask, dans le mémoire dont nous avons déjà parlé sur l'antiquité et l'authenticité de la langue zende, se servit également du zend pour interpréter les cunéiformes ; il n'avait pas d'autres ressources qu'Anquetil ; mais les corrections qu'il avait faites à l'alphabet zend lui donnèrent la valeur de deux lettres importantes de l'écriture cunéiforme.

M. Saint-Martin, en 1822, lut à l'Académie des inscriptions son mémoire sur les inscriptions de Persépolis (t. XII,

2ᵉ série des mémoires de l'Académie, et *Journ. asiat.*, t. II, p. 39). Ce savant employa le zend pour interpréter les cunéiformes; aidé par les travaux de ses devanciers, il put lire un nouveau mot : *Achemenes*.

On le voit, la question s'agitait; Rask et Saint-Martin lui avaient donné une bonne direction : mais rien ne pouvait se faire si l'on ne connaissait pas le zend. Nous n'avons même parlé avec autant de détail des travaux qui précèdent que pour prouver toute notre impartialité, et en même temps pour constater cette persévérance si honorable des orientalistes modernes.

Il était réservé au savant qui avait créé l'étude du zend, d'expliquer les cunéiformes. En 1836 M. Burnouf publia son *Mémoire sur deux inscriptions cunéiformes trouvées près d'Hamadan* (in-4°). Il fixa l'alphabet cunéiforme et traduisit deux inscriptions (voy. ECRITURE, t. IV, p. 580). Il constata que les cunéiformes étaient une écriture alphabétique d'origine sémitique, sans doute assyrienne, introduite chez les Perses par Darius, en désaccord avec la langue des Perses, d'origine arienne ; que la langue des Perses de cette époque, et par conséquent des inscriptions cunéiformes de ce temps, était le zend, non plus le zend des Naçkas, mais un dialecte altéré et dérivant de cette langue, et que, dans quelques points peu nombreux encore, le dialecte des inscriptions persépolitaines était le commencement du persan moderne.

La même année, M. Lassen publiait sur les cunéiformes un livre intitulé : *die Altpersischen Keilinschriften von Persepolis* (Bonn), et dans lequel, se livrant aux mêmes études que M. Eug. Burnouf, il arrivait à peu près aux mêmes résultats que lui dans la fixation de l'alphabet cunéiforme, et donnait ainsi par cette découverte simultanée une authenticité incontestable aux recherches de notre savant compatriote.

Depuis cette époque des résultats très importans ont été acquis à la science. Dans son voyage en Perse, exécuté en 1838 et en 1839, le major anglais Rawlinson a pu copier la grande inscription cunéiforme de Bisitoon ; cet antiquaire en promet une traduction. Cette inscription renferme l'histoire de l'empire des Perses, depuis Cambyse jusqu'à la fin du règne de Darius. Nous reparlerons de cette inscription et de son contenu dans l'article Perse ; nous nous contenterons de dire ici qu'elle se compose de douze colonnes écrites en trois caractères divers et, à ce que l'on croit, en trois langues différentes, et que chaque colonne comprend quatre-vingt-onze lignes.

§ 2. *Archéologie.*

On conçoit facilement de quelle importance de pareilles découvertes sont pour l'histoire : aussi ne saurait-on trop encourager les voyages archéologiques entrepris dans le but de recueillir les inscriptions et les bas-reliefs, qui servent si bien à l'interprétation de l'histoire de la Perse et de la liturgie mazdéenne. En 1840, MM. Flandin et Coste ont entrepris, par ordre du gouvernement français, un voyage en Perse dont les résultats sont déjà connus. Ker-Porter et M. Texier avaient déjà fait connaître les belles ruines d'Isthakar (Persépolis) ; ces habiles artistes ont achevé d'explorer ces lieux célèbres, ainsi que tous ceux qui pouvaient offrir quelque intérêt historique.

Nous ne pouvons passer sous silence, en nous occupant de l'archéologie persane, les importans travaux de M. Lajard sur Mithra et la Vénus assyrienne. M. Lajard a su appliquer avec une grande intelligence les monumens et les textes à l'interprétation de ces deux symboles des religions de l'Asie. Son mémoire sur deux bas-reliefs mithriaques qui ont été découverts en Transylvanie (t. XIV des mémoires de l'Académie des inscriptions), son ouvrage sur les bas-reliefs mithriaques (in-4°), et ses recherches sur le culte de Vénus en Orient et en Occident (in-4°, 1857), constituent un ensemble de travaux très considérables et qui prouvent combien l'archéologie comparée et appuyée sur la philologie, a fait de progrès de notre temps. (Voy. Khaldée.)

§ 3. *Inscriptions cunéiformes de Babylone.*

On ne saurait, en traitant des cunéiformes de la Perse, ne pas parler des inscriptions de Babylone, bien que la langue dans laquelle elles sont écrites soit différente de celle des inscriptions persépolitaines.

Long-temps on négligea de recueillir les inscriptions qui se trouvent sans cesse sur des briques ou sur des cylindres à Halleh. Le premier qui ait parlé de ces inscriptions est un religieux français, le P. Emmanuel, dans une relation manuscrite citée par d'Anville en son Mémoire sur la position de Babylone. Niebuhr attira plus spécialement l'attention des savans sur ces inscriptions : dès lors on les recueillit avec soin. L'évêque Beauchamp (voy. *Journal des Savans*, déc. 1790) en envoya à Paris, mais ne put les interpréter dans ses écrits. En 1804, parut la dissertation de Hager *sur les inscriptions babyloniennes* (Londres). Hager ne prétendit pas expliquer ces inscriptions; il se contenta de constater que leurs caractères sont bien des lettres, et non pas des caractères magiques ou des fleurs, comme beaucoup le pensaient. Il croyait qu'à Babylone il y avait eu deux systèmes d'écriture, l'un populaire et l'autre sacré et secret; l'écriture cunéiforme lui paraissait être l'écriture sacrée. Son Mémoire est fort intéressant pour l'histoire et l'état de la Chaldée, mais il ne fit pas faire un pas à la lecture des inscriptions babyloniennes. Depuis Hager, la science est restée aussi peu avancée. Dans ces dernières années, en 1827, le courageux et infortuné M. Schultz a recueilli à Van, l'ancienne Sémiramopolis, en Arménie, un grand nombre d'inscriptions cunéiformes assyriennes, dont la Société asiatique de Paris a publié la gravure (voy. *Journal asiatique*, 1840) en attendant qu'elle publie le Voyage de M. Schultz dont elle possède les papiers. Les matériaux ne manquent pas, mais tout est à créer. Il faut le dire, la difficulté est grande; les langues des Assyriens, des Babyloniens sont inconnues; étaient-elles sémitiques ou ariennes, pures ou mélangées? L'histoire de ces peuples est presque ignorée; les Grecs n'en ont conservé que peu de chose. Bérose est perdu : cependant il serait possible de constituer un recueil des fragmens des historiens chaldéens : les Grecs, les historiens persans, entre autres Thabari, et surtout les historiens arméniens, Moïse de Khorène et Jean Catholicos, fourniraient quelques matériaux. Aidé par une histoire positive, et par ces heureux hasards que la fortune réserve aux audacieux, quelque archéologue pourrait bien entreprendre le déchiffrement de ces inscriptions et les lire. Le prix serait beau ; ce serait la restitution des annales d'un grand peuple.

§ 4. *Sur le Pehlevi.*

L'une des questions les plus obscures de l'orientalisme est l'histoire de la langue pehlevie. Qu'est-ce que cette langue ? Est-ce celle des Perses ou des Parthes ? Etait-ce une langue sacrée ou vulgaire ? Comment et à quelle époque s'est-elle formée ? Aucune réponse positive ne peut être donnée aujourd'hui à chacune de ces questions. Cependant, grâce aux savantes études de M. Muller, qui a consigné les résultats de ses recherches dans le Journal asiatique (5ᵉ série, t. VII, p. 289), on peut déjà affirmer que c'est une langue d'origine sémitique qui a subi d'une manière considérable d'influence du zend. Si l'on examine ensuite quels sont les monumens qui nous restent de cette langue, on trouvera que ce sont les traductions du zend-avesta et des fragmens de traditions épiques des anciens Persans. On est porté à penser par là que le pehlevi était une langue religieuse. Faut-il croire, avec le savant M. Et. Quatremère (voyez *Journal des Savans*, 1840, p. 406) que le pehlevi a été la langue nationale des Parthes ? Nous ne le pensons pas ; rien n'autorise suffisamment cette opinion. Il nous paraît plus probable, bien qu'on puisse nous faire mille objections, que le pehlevi était parlé dès le temps des Perses ; et voici ce qui semblerait justifier cette assertion. Qu'il y ait eu des races ariennes et sémitiques dans l'empire de Cyrus, c'est ce qui est hors de doute ; les inscriptions trilingues de l'ancienne Perse attestent aussi l'existence de plusieurs langues parlées simultanément dans les diverses parties de l'empire. De ces inscriptions, une langue seule est connue, c'est celle qui dérivant du zend a été expliquée par le zend. Que sont les autres ? Les inscriptions de droite sont bien évidemment écrites en cunéiformes babyloniens et sans nul doute en langue babylonienne ; celles du milieu ne sont-elles pas écrites en pehlevi ? Nous ne sommes pas éloigné de le croire. On conçoit bien alors que formé du mélange des langues sémitiques et ariennes, le pehlevi soit devenu une langue religieuse pour les Sémites de l'empire Persan, auxquels les Perses imposaient la loi de Zoroastre traduite en pehlevi pour l'usage de ces Sémites, et que d'autre part ces inexplicables cunéiformes, du milieu des inscriptions trilingues, aient été des inscriptions pehlevies destinées à ceux qui ignoraient la langue des Perses, c'est-à-dire ce dialecte du zend dont nous parlions plus haut.

Qu'on nous pardonne cette digression, la question est obscure; si nous avons apporté cette hypothèse, c'est autant pour aider à sa solution que pour prouver combien l'érudition avait à faire sur ce terrain.

Déjà quelques travaux ont été publiés sur le pehlevi; nous en avons indiqué précédemment quelques uns; il nous reste à parler des heureuses applications faites par M. Longperrier, de ce que l'on sait du pehlevi à l'explication des légendes de la série complète des médailles des rois sassanides, dont la plus grande partie était inédite (*Essai sur les médailles des rois sassanides*, in-4°, 1840), et des travaux de M. Eugène Boré sur la Khaldée et le dialecte babylonien. Cet orientaliste a publié dans le Journal asiatique (5ᵉ série, t. XI, p. 640) des considérations sur les inscriptions pehlevies de Kirmanchâh, traduites par M. de Sacy. Telle est la série encore bien courte des travaux accomplis sur le pehlevi; cependant, ici comme partout, on est à l'œuvre.

§ 5. *Histoire de la Perse.*

Nous ne voulons, dans cet article, nous occuper des historiens modernes de la Perse qu'en tant qu'ils nous font connaître les anciennes traditions sur l'histoire de ce pays, l'histoire et la littérature modernes de la Perse devant être traitées autre part. Sylvestre de Sacy est l'un des premiers érudits qui aient appliqué la connaissance des idiomes modernes à l'étude de l'histoire ancienne de la Perse. Dès l'année 1793, il faisait paraître ses *Mémoires sur diverses antiquités de la Perse*, contenant les inscriptions de Nakschi-Roustam, les inscriptions arabes et persanes de Tchil-Minar, les médailles des rois sassanides, les monumens et inscriptions de Kirmanchâh, et l'histoire des Sassanides, traduite de l'historien persan Mirkhond. De Sacy donnait ainsi l'exemple d'étudier l'histoire de la Perse dans les historiens nationaux, et cet exemple a été suivi avec ardeur de notre temps. Pour terminer ce que nous avons à dire sur l'histoire de cet important empire des Sassanides, que de Sacy avait déjà si bien fait connaître, il faut encore citer les travaux du major anglais Ouseley sur la numismatique, ceux de M. Longperrier sur le même objet, ceux de l'Allemand Wahl, et les Mémoires de Mongez.

Nous arrivons enfin aux traductions des grands ouvrages d'histoire persane. Afin de bien comprendre leur importance pour l'étude de l'antiquité, il faut se convaincre que les diverses conquêtes que la Perse a subies ne lui ont pas fait perdre entièrement le souvenir de son histoire primitive. Dès le temps des Sassanides, on recherchait et l'on recueillait avec ardeur les traditions historiques conservées dans les chants populaires. Le premier essai pour réunir ces traditions paraît avoir été fait dans le sixième siècle de notre ère par ordre de Nouschirwan, qui fit recueillir dans toutes les provinces de son empire les récits populaires concernant les anciens rois. Le dernier roi sassanide, Iezdedjird, fit compléter ce recueil (*Cf. préface du Chah-Nameh*, par Mohl).

Telles sont les sources qui ont servi à la rédaction des ouvrages de Thabari, de Firdoussi et de Mirkhond. Le premier, mort à Bagdad en 925 de J.-C., a composé une chronique de la Perse, comprenant l'histoire des Pischdadiens, des Caïanides, des Sassanides et des Khalifes jusqu'à Moktader. On y trouve aussi une histoire des anciens rois de Babylone, de l'Ancien Testament, de la Vierge, de Jean-Baptiste et de Jésus. En 1836, M. L. Dubeux a donné une traduction française de la chronique de Thabari, et nous nous plaisons à citer ce livre.

Firdoussi, auteur du Chah-Nameh, ou Livre des Rois, mourut en 1111; il avait composé son poëme pendant le règne du célèbre Mahmoud. Ce livre donna à la poésie épique, pendant cette époque, un développement considérable. (*Cf.* Mohl, loc. cit.) On l'imita, on le traduisit en arabe et en turc. Il était naturel que les orientalistes se soient beaucoup occupés de ce poëme national par excellence, et auquel ses ennemis reprochaient d'être trop fidèle aux traditions. Dès 1774, W. Jones en traduisait quelques fragmens; en 1811, Lumsden publiait à Calcutta le premier volume d'une traduction restée inachevée; Gœrres donnait un abrégé de cet ouvrage, en 1820, à Berlin, sous le titre de *Heldenbuch von Iran, aus den Chah-Nameh* (2 vol. in-8º). Enfin, en 1829, M. Macan publiait à Calcutta, en 4 vol. in-8º, la première édition complète du Chah-Nameh. En 1858, M. Mohl donnait le premier volume de sa traduction française et la faisait précéder d'une savante préface que nous avons souvent mise à profit.

Mirkhond, célèbre historien persan, mourut en 1498. Il a écrit une histoire complète de la Perse. Diverses parties ont été traduites : l'histoire des Sassanides, par de Sacy; l'histoire des Samanides, par Wilken de Berlin (Gœttingue, 1808 in-4º), sous le titre de *Historia Samanidarum;* l'histoire des Seldjoukides, par Vullers (2 vol., en allemand), etc. Les anciennes dynasties persanes de l'histoire de Mirkhond restent encore à traduire : il faut espérer que le public se verra bientôt doté de ce travail qui ne peut manquer d'être d'une grande utilité à l'histoire.

Nous devons aussi parler des extraits du Modjmel-al-Tewarikh, traduits par M. Mohl (t. XI du *Journ. asiat.*). Cet ouvrage, composé en 1126, offre des détails curieux.

On annonce la traduction anglaise d'un ouvrage persan qui ne laissera pas que d'être utile sur bien des questions; cet ouvrage est le *Dabistan*, et le traducteur M. Troyer.

« Le Dabistan est une histoire des religions, écrite du temps d'Akbar par un Guèbre converti à l'islamisme, et nommé Mobed Chah. L'intention de l'auteur paraît avoir été de fournir à Akbar une base prétendue historique pour la religion que cet empereur avait inventée et qu'il voulait introduire. C'est pourquoi l'auteur commence par un chapitre très long qui traite de la religion des Mahabadiens, et qui n'est qu'un tissu de fables incohérentes. Ensuite il entre sérieusement dans son sujet, et traite des religions persane, indienne, juive, chrétienne et musulmane; des illuminés, des sofis et de quelques autres sectes. On ne peut se servir de cet ouvrage qu'avec une certaine méfiance, mais il contient sur des sectes obscures une infinité de détails qui serviront un jour à compléter l'histoire des religions... Le texte entier du Dabistan a paru, en 1809, à Calcutta. Le comité des traductions avait chargé M. Shea de le traduire, mais le traducteur étant mort avant d'avoir fait beaucoup de progrès dans ce travail, M. Troyer a entrepris de l'achever et de le publier. »

ARMÉNIE.

« La littérature arménienne, sans avoir l'intérêt et la richesse de la littérature des Arabes, des Persans, des Hindous et des Chinois, ne mérite cependant pas l'oubli dans lequel elle est restée jusqu'à présent ; le grand nombre d'écrivains qu'elle a produits la rendent recommandable à tous égards. On doit surtout distinguer parmi eux les historiens qui, sans compter qu'ils nous font connaître l'histoire de leur patrie, moins fertile, il est vrai, en grands événemens que celle des autres pays de l'Orient, peuvent encore servir à remplir une lacune assez considérable dans les annales de l'Asie, et nous fournissent en outre de grandes lumières et des renseignemens très importans pour l'histoire des Grecs de Constantinople, des rois de Perse de la dynastie des Sassanides, des Arabes musulmans, des Turcs seldjoukides, des croisades, des Mongols, et en général de tout l'Orient, depuis le commencement du quatrième siècle jusqu'aux temps les plus modernes...

» C'est dans les livres arméniens que l'on peut espérer de trouver le plus de renseignemens positifs propres à éclaircir l'histoire des rois de Perse de la dynastie des Sassanides, et à nous faire connaître les opinions religieuses des anciens Persans, sectateurs de Zoroastre. Après la destruction de la monarchie arménienne, les Mages cherchèrent à profiter de la puissance et de la protection des rois de Perse, pour établir leur religion en Arménie ; et les théologiens de ce pays furent très souvent obligés de défendre contre eux, par écrit, la religion chrétienne, pour empêcher les princes arméniens d'embrasser la croyance des étrangers, qui fit, malgré cela, parmi eux, un grand nombre de prosélytes. C'est dans ces écrits polémiques qu'il faut rechercher une foule de traits et de traditions d'autant plus importans qu'ils se trouvent dans des livres composés par des hommes qui vivaient au milieu des peuples dont ils combattaient la doctrine (1). » On trouve aussi, dans cette littérature, plusieurs Traités de théologie composés pour combattre les hérésies de Bardesanes, de Marcion, de Valentin et de Manès. Nous avons dit aussi, en parlant des inscriptions babyloniennes, combien les historiens arméniens avaient conservé de précieuses notions sur l'histoire des anciens empires de l'Asie.

Tant d'avantages rendent en effet assez inexplicable le peu d'intérêt qu'on a porté pendant long-temps aux études arméniennes : ce sont les PP. Mékhitaristes de Venise qui ont fait connaître à l'Europe la littérature de l'Arménie. Fondé par l'Arménien Mékhitar à la fin du dix-septième siècle, cet ordre s'est livré avec ardeur et intelligence à la régénération spirituelle de l'Arménie, et à l'étude de la langue et de la littérature de ce pays. Mékhitar publia d'abord, en 1749 (Venise, 2 vol. in-4º), son grand Dictionnaire arménien, qui fixa la langue. La congrégation des Mékhitaristes ou de Saint-Lazare n'a pas laissé, dit M. Boré, son historien, de produire depuis sa fondation des hommes recommandables par leur science et par les travaux qu'ils ont exécutés. Nous désignerons de préférence le P. Tchamtchean, auteur d'une Histoire universelle de sa nation, ouvrage rempli de documens rares et importans pour l'histoire de certains autres peuples de l'Asie. Nous ajouterons les noms d'Ingigian, auteur des Antiquités et de la géographie de l'Arménie; de J.-B. Aucher, traducteur de l'Eusèbe arménien, publié par le docteur Zohrab. On sait combien la publication de cet ouvrage a été utile aux études historiques.

L'étude de l'arménien fut aussi cultivée par quelques érudits français, parmi lesquels nous distinguons Jacques Villotte et Lacroze; nous devons aussi citer les frères Whiston, Anglais. Ces deux savans donnèrent, en 1736, la traduction latine de Moïse de Khorène, historien arménien du cinquième siècle de notre ère. L'histoire de Moïse de Khorène, tirée d'ouvrages aujourd'hui perdus, d'écrits chaldéens, persans et d'anciennes poésies, est remplie de

(1) Saint-Martin, *Mémoires sur l'Arménie*.

documens précieux pour l'histoire de l'Asie. De nos jours on s'est occupé de Moïse de Khorène avec l'ardeur et l'intérêt que cet historien mérite. En 1827, on a publié à Venise un texte plus correct (in-12); et M. Levaillant de Florival, professeur d'arménien à l'Ecole des langues, en a donné récemment une traduction française (2 vol. in-8°, texte et traduction).

De tous les savans qui se sont livrés à l'étude de l'arménien, nul ne mérite notre attention plus que Saint-Martin. Versé dans l'étude de toutes les langues de l'Asie et de l'Europe, connaissant à fond l'histoire universelle, la chronologie et la géographie; doué d'un esprit net et clairvoyant, il avait composé de nombreux ouvrages, tous d'une grande utilité, lorsque malheureusement la mort est venue l'enlever à ses travaux (1852), et nous a ainsi privés des résultats les plus importans de ses études. Saint-Martin avait surtout consacré ses soins à l'étude de l'arménien : à l'aide des trésors d'antiquités enfouis dans cette littérature, il a pu éclaircir un nombre infini de questions obscures. On lui doit les recherches sur la géographie et l'histoire de la Mésène et de la Characène, contrées de l'Asie occidentale (publiées en 1841, par M. F. Lajard, chargé de la publication des manuscrits de Saint-Martin), les Mémoires sur l'Arménie, la nouvelle édition de l'histoire du Bas-Empire, de Le Beau, complétée et annotée à l'aide des historiens orientaux (1). Nous ne pouvons citer ici les nombreux articles que Saint-Martin a donnés au Journal des Savans (sur l'Eusèbe, 1820), au Journal asiatique et à la Biographie universelle, sur la littérature, l'histoire ou les hommes illustres de l'Arménie. On a aussi publié depuis la mort de ce savant sa traduction de l'historien arménien Jean Catholicos (mort en 925). Jean Catholicos est encore fort utile à l'histoire ancienne de l'Asie, par les emprunts faits aux Chaldéens et à quelques écrits aujourd'hui perdus. (Voy. la savante Introduction que M. F. Lajard a placée en tête de ce volume.)

(1) Saint-Martin en a publié les treize premiers volumes; les autres sont dus à son élève, M. Brosset, « que l'on peut, dit M. de Sacy, considérer comme le fondateur de la langue géorgienne en France, et il est même permis de dire en Europe. »

INDE.

§ 1. *Histoire des études indianistes.*

La conquête de l'Inde par les Anglais est sans contredit la cause principale de la création des études indianistes; nous l'avons déjà dit. Nous avons signalé ce que les membres de la Société de Calcutta avaient fait pour ces études; mais il n'est pas vrai de dire, comme les savans britanniques ne cessent de l'affirmer, qu'avant eux personne n'avait su le sanskrit, que personne ne connaissait rien sur l'Inde, et que personne n'en avait rien dit. Depuis long-temps on étudiait l'Inde; depuis long-temps les missionnaires français, italiens, danois et hollandais avaient publié sur ce pays des livres très instructifs et remplis de connaissances que l'on a rectifiées ou développées quelquefois, mais dont on doit toujours tenir compte. On avait même commencé à étudier le sanskrit avant l'apparition des Anglais dans l'Inde. Si, pour être impartial, on doit dire qu'on leur est redevable de la publication des premières grammaires et des premiers dictionnaires de la langue sanskrite, on doit dire aussi que ce n'est pas l'amour désintéressé de la science, et la volonté seule de faire avancer les connaissances humaines, qui ont été la cause d'une des plus belles acquisitions de la science philologique, mais bien, comme nous l'avons déjà dit, la nécessité et les besoins de la conquête.

Dès le temps d'Hérodote, l'Inde avait attiré l'attention des peuples européens : Diodore de Sicile, Ctésias, Strabon et Arrien, donnèrent de curieux détails sur les peuples, les castes et les prêtres de l'Inde, qu'Alexandre avait trouvée toute constituée. Cicéron, Quinte-Curce, Apulée, Pline, répétèrent ce qu'avaient écrit les Grecs sur ce sujet. Il faut arriver à S. Clément d'Alexandrie, à Philostrate, à Porphyre, à Palladius, à Origène, et à S. Jérôme, pour avoir de nouvelles données. Malgré les erreurs et les omissions, l'ignorance de la langue et des livres de l'Inde, ces auteurs nous ont laissé des notions très précieuses sur l'Inde du nord.

Dans les temps modernes, au dix-septième siècle, les jésuites français et danois publièrent d'importans travaux sur l'Inde, sur la religion et les mœurs de ses habitans; on dit même que les PP. Roth et Noble ont connu le sanskrit, c'est-à-dire la langue des brahmanes. C'est ce dernier qui composa le fameux *Ezour-Vedam*, livre qui a si complétement abusé les philosophes et les érudits du dix-huitième siècle. Les travaux des missionnaires français (insérés dans le recueil des Missions étrangères et dans les Lettres édifiantes), sont consacrés aux idées, à la religion et aux mœurs de l'Inde bien plus qu'à la philologie. Au contraire, les travaux des missionnaires danois, se font remarquer par leur caractère philologique. L'un de ces missionnaires, Ziegenbald, publia en 1716 (à Halle, in-4°) une grammaire tamoule en latin. Le jésuite italien, le célèbre P. Beschi, étudia cette langue avec zèle, et s'en servit pour composer une série très importante d'ouvrages destinés à la propagation du christianisme.

Il faut remarquer que les efforts des missionnaires se portèrent principalement sur le midi de l'Hindoustan, et que, par suite, les dialectes de cette partie de l'Inde, le tamoul, le malabare, si radicalement différens des langues du nord de la presqu'île, furent surtout étudiés. Il ne pouvait rien résulter, pour la connaissance de la littérature sanskrite, de ces travaux, qui avaient, il faut le dire, un tout autre but. Les ouvrages d'Abraham Roger (*Porte ouverte pour parvenir à la connaissance du paganisme caché* [1]); de Henri Lord (*Histoire de la religion des Banians*, 1667), et de Bernier (*Lettre sur les Gentils de l'Hindoustan*, 1668), avaient augmenté les connaissances que l'on possédait sur l'Inde, lorsqu'en 1740, le P. Pons donna les premières notions sur la langue sacrée de l'Inde. Nous croyons devoir citer le passage suivant de la lettre de ce missionnaire :
« La grammaire des brahmanes peut être mise au rang
» des plus belles sciences. Jamais l'analyse et la synthèse
» ne furent plus heureusement employées que dans les ou-
» vrages grammaticaux de la langue sanskrite. Il est éton-
» nant que l'esprit humain ait pu atteindre à la perfection

(1) Traduit en français, en 1670.

» de l'art qui éclate dans ces grammaires. Les auteurs y
» ont réduit par l'analyse la plus riche langue du monde à
» un petit nombre d'élémens primitifs qu'on peut regarder
» comme le *caput mortuum* de la langue. Un simple éco-
» lier, qui ne saurait rien que la grammaire, pourrait, en
» opérant selon les règles sur une racine, en tirer plusieurs
» milliers de mots vraiment sanskrits. »

Il nous paraît évident que le P. Pons a su le sanskrit, car il serait difficile d'imaginer que l'on puisse analyser avec autant d'exactitude la grammaire d'une langue que l'on ne connaîtrait pas. On a même dit que le P. Pons avait composé une grammaire sanskrite. Ce missionnaire ne serait pas le seul, au reste, qui aurait su le sanskrit; le P. Noble connaissait cette langue, nous l'avons dit, et, le P. Pons confirme pleinement cette assertion par ces mots : « Depuis » le P. Noble, il n'y a eu personne assez habile dans le » sanskrit pour examiner les choses par soi-même. »

Le P. Pons, dans cette remarquable lettre, analyse ensuite la religion, les livres sacrés, les connaissances scientifiques et la philosophie des brahmanes. Il est impossible de mieux connaître la philosophie hindoue, ses diverses écoles et leurs doctrines; Colebrooke, de nos jours, n'a pu ajouter que quelques détails à ce savant résumé.

Après le P. Pons, nous devrions arriver au P. Paulin de Saint-Barthélemy; mais le P. Fulgence, capucin français, aura, bien qu'il ne soit pas philologue, un instant notre attention. Inconnu, il est cependant auteur d'un excellent ouvrage intitulé le *Paganisme indien*, resté manuscrit (1). Le P. Paulin de Saint-Barthélemy n'est pas le premier qui ait su le sanskrit, mais il est le premier qui ait attiré l'attention de l'Europe sur cette langue. Il en donna une grammaire et un dictionnaire; il fit plusieurs traductions; malheureusement il avait appris le sanskrit dans des ouvrages composés en langue malabare, et il bouleversa ainsi l'orthographe de la langue sanskrite. Il sut cependant assez bien cet idiome pour pouvoir le comparer au latin,

---

(2) Manuscrit de 1740. Fonds oriental de la Bibliothèque du roi. — Cf. Daniélo, Tableau de l'univers, t. II, p. 349, qui a donné une bonne analyse de cet important travail.

démontrer les curieuses analogies de ces deux langues (1), et pour soupçonner que le zend, qu'il ne connaissait que par le petit vocabulaire d'Anquetil-Duperron, appartenait à la même famille que le sanskrit et les idiomes savans de l'Europe.

Ce serait ici la place de parler de la traduction, faite d'après le persan, des Upanichads, par Anquetil, si nous ne devions mentionner ce livre un peu plus loin.

Les études indianistes en étaient là, lorsque, comme nous l'avons dit en commençant cet article, les Anglais, devenus maîtres du Bengale, créèrent la chaire de sanskrit du collége du fort William (confiée à Colebrooke), et la Société asiatique de Calcutta, pour développer et encourager l'étude et la connaissance pratique des langues de l'Inde, qu'il leur importait de connaître pour administrer leurs nouvelles conquêtes. Aidés par les pandits ou docteurs indiens, les Anglais apprirent le sanskrit et les dialectes modernes de l'Inde; ils en publièrent les grammaires et les dictionnaires. On trouvera plus loin l'indication de tous leurs travaux; notre plan ne nous permet pas d'en parler ici. En même temps, en France un homme se formait à ces études sans le secours si important des pandits. M. Chézy apprenait le sanskrit à l'aide de quelques matériaux manuscrits conservés à la Bibliothèque royale. En 1802, M. Hamilton, membre de la Société de Calcutta, qui avait passé une grande partie de sa vie dans l'Inde, obtint la permission de faire le catalogue des manuscrits indiens de la Bibliothèque royale. Auguste-Guillaume de Schlegel, alors à Paris, étudia à cette époque le sanskrit, guidé par son ami Hamilton. Les rapports d'amitié que Chézy entretenait avec le savant anglais ne furent pas sans influence sur ses études; mais malgré le départ d'Hamilton, et le manque absolu des travaux des Anglais de Calcutta, Chézy parvint à se rendre maître de la langue sanskrite, et lorsque la grammaire de Wilkins parut en 1808, Chézy en fit une critique qui fut imprimée au *Moniteur*. En 1815, il fut nommé professeur de sanskrit au Collége de France; il avait toujours dit : « On créera pour moi la première chaire de

(1) Cf. Voyage aux Indes orientales, t. II, p. 201.

» sanskrit à Paris, et l'on dira toujours : C'est à un Fran-
» çais qu'appartient la gloire d'avoir le premier enseigné
» le sanskrit sur le continent. »

En même temps, 1808, Fr. Schlegel, par son livre *Sur la langue et la philosophie des Indiens*, excitait l'Allemagne à étudier le sanskrit. M. Bopp vint apprendre cette langue à Paris en 1812, et, après un séjour de cinq ans dans cette ville, il alla compléter ses études à Londres. Dès 1816, M. Bopp publiait son système de conjugaison de la langue sanskrite, comparé avec celui des langues grecque, latine, allemande et persane; il y joignit la traduction de quelques épisodes tirés du Ramayan et du Mahabahrata. M. Bopp fit imprimer, en 1819, à Londres, le célèbre épisode du Mahabahrata, *la Mort de Nalus* (texte et traduction latine). A partir de cette époque, les études sanskrites ont pris un accroissement considérable : en Angleterre, Jones, Wilkins, Colebrooke, Wilson, Prinsep, Rosen; en Allemagne, M. Bopp, Guill. de Schlegel, Lassen; en France, Chézy, M. Eug. Burnouf, Loiseleur-Deslongchamps, M. Langlois, M. Troyer, ont déjà doté le monde savant, malgré le peu d'ancienneté de ces études, d'une foule de travaux dont nous allons faire l'énumération et quelquefois l'analyse. Heureux serons-nous si, après avoir lu ce travail, on reste convaincu que les études indiennes, malgré leur récente origine et les difficultés qui les accompagnent, ont déja produit de grands et d'utiles résultats. Sans nul doute elles n'ont pas encore donné leur dernier mot; mais elles ne font que naître ! Tous les jours de nouveaux élèves se forment; tous les jours de nouveaux travaux apparaissent; laissons donc le temps porter ses fruits. D'ailleurs, que ces injustes détracteurs des études indiennes disent donc ce que les études grecques avaient produit cinquante ans après la renaissance.

§ 2. *Matériaux pour apprendre la langue.*

Dès 1805, les presses de la Compagnie des Indes imprimèrent à Calcutta la grammaire sanskrite de Colebrooke; en 1806, les presses des missions de Serampoore publiaient celle de Carey; en 1808, Wilkins en faisait imprimer une à

Londres; en 1810, Forster une autre à Calcutta; en 1820, une autre grammaire, celle de Yates, était imprimée à Calcutta; en 1827, M. Bopp donnait à Berlin sa grammaire sanskrite (en allemand; en 1832 publiée en latin). Il s'imprime, en ce moment, à l'Imprimerie royale une grammaire sanskrite en français, par M. Des Granges, l'un des premiers élèves de Chézy.

Mais il manque encore un ouvrage élémentaire, de vrais rudimens à l'usage des commençants.

En 1815, Wilkins publia ses rudimens de la langue sanskrite; en 1827, Rosen, ses racines sanskrites (en latin). M. Westergand a donné récemment (1841) de nouvelles racines de la langue sanskrite. Dès 1808, Colebrooke avait publié à Serampoore le dictionnaire sanskrit d'Amera-Sinha; ce lexique a servi de base à tous les travaux lexicographiques faits dans l'Inde par les Anglais; il est passé tout entier dans le dictionnaire de Wilson (1819). En 1839, Loiseleur-Deslongchamps a donné une traduction française du vocabulaire d'Amera-Sinha. Il faut citer le Trésor de la langue sanskrite du savant Radhâkânta-Dêva (imprimé à Calcutta); c'est encore une des sources du dictionnaire de Wilson. En 1820, Yates donna un vocabulaire sanskrit, et en 1852, Wilson a publié la seconde édition de son dictionnaire.

§ 5. Les Védas.

« Les divers ouvrages indiens écrits en sanskrit, auxquels les savans ont eu jusqu'ici accès, permettent de constater, dans le développement de la religion et des croyances brahmaniques, trois formes et trois époques distinctes. La première et la plus ancienne, sous laquelle se présente cette religion, et nous pourrions dire la société indienne tout entière, est celle des Védas, livres qui ne sont encore qu'imparfaitement connus, mais dont les recherches de Colebrooke ont démontré d'une manière définitive la haute antiquité et fait apprécier le caractère. La religion dont ces livres indiquent l'existence n'est ni le culte des héros ni le polythéisme des poëmes plus modernes; c'est, pour le culte, l'adoration des élémens et des grands corps célestes, tels que le firmament, l'air, l'eau, le feu, le soleil, la lune et les planètes, et, pour la spéculation, la croyance à l'unité de Dieu (1). »

Ce n'est pas ici le lieu d'insister sur l'importance de ces livres; leur connaissance complète intéresse si évidemment l'histoire des religions, que leur publication sera l'une des plus précieuses acquisitions de la philosophie. « A l'époque des premières investigations des Européens dans la littérature indienne, ce fut, dit Colebrooke, un sujet de doute de savoir si les Védas existaient. » On nia leur authenticité; on déclara qu'il serait impossible de comprendre le dialecte dans lequel ils étaient composés; on nia la possibilité de s'en procurer la totalité, parce que les préjugés religieux des brahmanes s'opposaient, disait-on, à ce qu'ils communiquassent ces livres à des étrangers. Toutes ces objections ont été réfutées. Les Védas avaient été communiqués à Dara-Chékou, frère d'Aurenz-Zeb, lequel, en 1657, traduisit en persan les Upanichads ou portions théologiques des Védas (2). Depuis on les communiqua au colonel Polier, à Robert Chambers, au général Martine, à Jones et à Colebrooke, qui réunirent la plus grande partie, sinon la totalité, de ces livres. On a prouvé facilement leur authenticité; on les a expliqués, et tous les préjugés ont été ainsi détruits. Colebrooke est le premier qui nous ait donné des détails sur la nature de Védas (3). Il serait impossible de donner ici une analyse de cette dissertation sans entrer dans des détails qui nous entraîneraient hors de notre sujet; qu'il nous suffise de dire, pour la clarté de ce qui va suivre, qu'il y a quatre Védas, le Rig-Véda, le Yadjour-Véda, le Sama-Véda, le Atharvan-Véda.

« Les Védas, que l'on ne connaît aujourd'hui que bien incomplétement par le mémoire de Colebrooke et par le premier volume du *Rig-Véda* de Rosen, publié à Londres en 1838, avec traduction latine, sont dans ce moment, de tous côtés, l'objet des travaux des indianistes. Le comité des traductions a accepté l'offre que lui a faite M. Steven-

(1) Cf. Journ. des Sav., 1840, p. 294, art. de M. E. Burnouf.
(2) C'est d'après cette version qu'Anquetil a donné sa traduction latine des Upanichads.
(3) Notice sur les Védas, dans les Rech. asiat., t. VIII; trad. en franç. par Pauthier, Livres sacrés de l'Orient, 1 vol. in-8°.

son de Bombay de publier une traduction du *Sama-Véda*, qui, dans les cérémonies brahmaniques, paraît occuper à peu près la place que le missel occupe dans le culte catholique. (Ce même savant va aussi publier la traduction, le texte et les commentaires du Rig-Véda, publication qu'il avait interrompue lorsque l'édition de Rosen fut annoncée.) M. Wilson prépare pour la Société le texte des prières et des hymnes du *Yadjour-Véda* (1). »

Anquetil-Duperron est, il faut le redire, le premier qui ait compris l'importance des Védas ; ne pouvant en publier et en traduire la collection entière, il donna au moins la traduction latine de leur partie la plus essentielle, des Upanichads (*Oupnekhat*, 2 vol. in-4°, publiés seulement en 1801, et traduits du persan) (2). En 1831, M. Pauthier a publié le texte et la traduction de deux Upanichads importans (voy. les livres sacrés de l'Orient). Depuis, M. Poley a publié, en 1837, un recueil d'Upanichads, et en ce moment il s'occupe de le compléter. Dans l'Inde, Rommohum-Roy a donné la traduction des quatre Upanichads les plus fréquemment cités, traduction qui a été reproduite à Londres en 1832. Il est à croire que d'ici à peu de temps la science aura à sa disposition le texte complet des Védas.

« On annonce, en effet, que la Compagnie des Indes a or-
» donné que le texte des quatre Védas serait publié à Cal-
» cutta par les soins des brahmanes du collége hindou, et
» d'après les meilleurs manuscrits de Bénarès. Le gouver-
» nement français, de son côté, a commencé, il y a quelques
» années (en 1837), sur la proposition de la Société asiatique,
» à faire copier dans l'Inde les Védas (3). »

On le voit, sur ce point, la science est en marche; encore quelques années, et toutes les prévisions que nous émettons seront réalisées, tous les travaux annoncés seront accomplis. De quelles nouvelles lumières nos esprits ne seront-ils pas alors éclairés !

(1) Rapport de M. Mohl à la Soc. asiat., Journ. de 1841.
(2) On peut consulter l'analyse que M. Lanjuinais a faite de la traduction d'Anquetil; Œuvr. compl., t. IV.
(3) Rapport de M. Mohl, *loc. cit.*

§ 4. Poésie épique.

Le Ramayan et le Mahâbharat sont les deux épopées nationales de l'Inde. Ces deux grands poëmes sont certainement et exclusivement fondés sur des faits historiques soumis à l'action ordinaire de la tradition. Le Ramayan est l'ouvrage d'un seul homme, Valmiki, qui a raconté la conquête de l'Inde méridionale par la race brahmanique. Le Ramayan appartient à ce genre d'épopées primitives qui sortent pour ainsi dire des entrailles d'une civilisation, qui en résument tous les élémens, en reproduisent toutes les traditions, tous les mythes, tous les symboles. Long-temps conservé dans l'Inde par la tradition orale, le Ramayan a été recueilli et rédigé par deux grandes écoles, celle de Bénarès au nord, celle du Bengale au midi, dite *Gauda*. La différence entre la rédaction des manuscrits des deux écoles est très marquée ; c'est bien, quant au fond, le même poëme ; mais la forme, l'arrangement, les détails diffèrent notablement dans les deux rédactions. Jusqu'à présent il n'a paru du Ramayan que les deux premiers livres ; ils ont été publiés en 1806 à Serampoore par MM. Marsham et Carey ; mais ce travail a été médiocrement exécuté, faute de critique. Les deux savans anglais ont confondu les deux rédactions et répété souvent les mêmes passages, parce qu'ils les ont trouvés sous une forme différente dans les manuscrits des deux écoles. M. Guil. de Schlegel (1829) a refait le travail des savans anglais, en prenant pour base la rédaction de Bénarès, et a publié le texte des deux premiers livres de cette rédaction. C'est un travail critique très bien fait ; malheureusement l'auteur n'a pas continué cette publication. En ce moment M. Gorresio, élève de M. Burnouf et professeur à Turin, fait imprimer à Paris une édition complète du Ramayan bengalique, avec une traduction italienne.

Le second poëme épique, le Mahâbharat, contient l'histoire de la longue lutte des Kourous et des Pandous, deux des plus anciennes familles royales de l'Inde. Cette épopée, la plus vaste de toutes celles que l'on connaît, contient toutes les traditions civiles, politiques et religieuses de l'Inde septentrionale et occidentale, et nous présente l'état de ce pays tel qu'il a dû être du douzième siècle au sixième siècle avant notre ère.

On n'a pas encore entrepris la traduction du Mahâbharat; mais on en possède le texte entier publié à Calcutta (en 5 vol. in-4°), et on en a traduit de nombreux épisodes, le *Bhagavat-Gita*, publié et traduit par Wilkins en 1785; et par Schlegel en 1823. Le sujet de ce célèbre épisode, l'une des principales sources de la philosophie indienne, est un dialogue entre Krichna et un guerrier sur des sujets philosophiques. *Nalus*, publié et traduit par Bopp en 1819. *La mort de Yâdjnadatta*, publié et traduit par Chézy et par M. Burnouf père, en 1826. On a traduit encore un grand nombre de fragmens de cette épopée; le *Journal asiatique* de Paris en contient plusieurs, qui sont dus à MM. Th. Pavie, Pauthier et Foucaux, etc. Le Mahâbharat est suivi d'un autre poëme qui en est le complément, c'est le *Harivansa*, ou histoire de Hari ou Vichnou ; ce poëme a été traduit en français par M. Langlois.

§ 5. *Législation.*

En même temps que se composaient les épopées dont nous venons de parler, la société brahmanique rédigeait sa législation. Composé avant le treizième siècle de notre ère, le livre de la loi de Manou (*Mânava-Dharma-Sâstra*) comprend tout ce qui regarde la conduite civile et religieuse de l'homme. C'est un des livres qui nous font le mieux connaître l'Inde primitive, et qui a été la base de tous les travaux ultérieurs des jurisconsultes indiens.

Dès l'année 1794, W. Jones publiait cet ouvrage, et y joignait une excellente traduction; en 1825, M. Haughton en donnait une nouvelle; en 1833, Loiseleur-Deslongchamps le traduisit en français (1 vol. in-8°). Il faut encore mentionner la traduction du Digeste des lois hindoues, par Colebrooke, publiée en 1800 (3 vol. in-4°).

§ 6. *Age buddhique.*

Dès le sixième siècle avant notre ère, la société brahmanique fut attaquée par un ennemi redoutable, le Buddhisme. Opposée à la domination politique de la caste sacerdotale et aux croyances religieuses des Brahmanes, la nouvelle doctrine, tout en maintenant la division des castes en politique, réclamait l'admission de tous les hommes au sacerdoce, et tendait à substituer le nihilisme et l'athéisme à la religion des Brahmanes. La société vieillie de l'Inde fut ébranlée par ce schisme, et une lutte terrible, une lutte de douze siècles, s'engagea entre les deux religions.

Vaincu, persécuté, chassé de l'Inde, le Buddhisme se répandit hors de la péninsule : il se fixa au Tibet, où il établit un sanskrit populaire, altéré, pour langue religieuse, et à Ceylan, où il prit le dialecte pali, le plus ancien des dialectes dérivés du sanskrit, pour langue religieuse.

Il s'est établi au Tibet et à Ceylan deux centres de littérature sacrée fort importans à étudier. Nous avons déjà dit que les livres religieux des Tibétains, tant en langue sanskrite qu'en langue tibétaine, avaient été envoyés en France. Il devait résulter de leur étude de précieuses découvertes sur les dogmes et l'histoire, encore si imparfaitement appréciés, du Buddhisme. Nous ne craignons pas de dire à l'avance que la publication que prépare en ce moment M. Eug. Burnouf jettera bien des clartés sur cette importante question de l'histoire des religions. Cette publication se compose, 1° d'une traduction du *Lotus de la bonne loi*, contenant plusieurs paraboles d'un caractère presque évangélique, sur les principaux dogmes du Buddhisme ; on y voit le Buddhisme triomphant et développé ; 2° d'une analyse des livres qui composent la collection des manuscrits envoyés du Népal ; plusieurs sont évidemment des premiers temps du Buddhisme, et sont d'autant plus curieux à connaître qu'ils montrent bien l'origine toute brahmanique du Buddhisme et son caractère de réforme ; 3° enfin, d'une histoire du Buddhisme. Quant aux livres buddhiques de Ceylan, ils se présentent jusqu'ici avec un caractère plus historique que ceux du nord ; mais on n'en connaît jusqu'à ce jour que le *Mahâvansa*, chronique palie de Ceylan, publiée en 1837 par M. Turnour.

Sur le Pali. — Le pali, langue sacrée des Buddhistes

de Ceylan et de l'Indo-Chine, était, il y a vingt-cinq ans, entièrement ignoré des savans européens. Nous avons vu plus haut comment M. Burnouf avait été amené à s'occuper de cette langue. Le résultat de ses travaux et de ceux de son ami M. Lassen, fut la publication de l'*Essai sur le Pali* (Paris, 1826). On ne savait rien encore sur cette langue : La Loubère (1) avait dit que le pali devait avoir des rapports avec le sanskrit; Paulin de Saint-Barthélemy avait confirmé cette opinion ; Leyden, l'un des plus habiles philologues de la Société de Calcutta, allait s'occuper, lorsqu'il mourut, de cette question. Tout était à faire, dresser les alphabets, déchiffrer les manuscrits, apprendre la langue et en reconstituer la grammaire. MM. Burnouf et Lassen réussirent dans cette tâche difficile; aidés par le sanskrit et la comparaison des deux langues, ils constatèrent que le pali était un italien du sanskrit, et sans nul doute le plus ancien de ses dérivés.

Quelques années après, en 1833, M. Upham publiait à Londres la traduction des livres sacrés de Ceylan; le Mahâvansa composé en pali; le Râjâcatnâcari et le Râjâvali composés en singalais (2). L'édition et la traduction de M. Upham étaient défectueuses ; on devait désirer qu'un orientaliste plus habile reprît ce travail. M. Turnour a déjà publié le premier volume d'une nouvelle édition (avec traduction) du Mahâvansa. Ce volume, qui est arrivé en Europe, a excité l'intérêt des personnes qui s'occupent du Buddhisme. « Cet intérêt, dit le secrétaire de la Société
» asiatique (3), s'accroît encore par la découverte des inscrip-
» tions en pali que l'on a trouvées dans le centre de l'Inde.
» M. Turnour a pris une part active à l'explication de ces
» monumens, et a enrichi le journal de la Société asia-
» tique de Calcutta de plusieurs mémoires importans sur
» l'histoire d'Asoka et sur la propagation du Buddhisme,
» tant dans l'Inde qu'à Ceylan. »

(1) Relation de Siam, I, 536.
(2) Le singalais est une langue importante dans l'étude du Buddhisme. Il est à regretter que l'on manque encore d'une bonne grammaire de cet idiome; mais on en possède un bon dictionnaire, celui de Clough (2 vol., 1830).
(3) Rapport de M. Mohl, *loc. cit.*

On le voit, toutes les questions, tous les faits, toutes les difficultés, langues, histoire, textes, tout est étudié; la philologie n'a reculé devant aucune difficulté; et déjà nous voyons combien elle a surmonté d'obstacles et fait de progrès.

Sur le Kawi et les dialectes malais. — C'est pendant cette période que la langue et la littérature indiennes se répandirent sur les îles de l'archipel malai, dont elle modifia profondément les idiomes. De tous les dialectes malais, le kawi, l'ancienne langue de Java, est celui qui nous intéresse le plus particulièrement, parce que ce dialecte dérive du sanskrit, et que sa littérature est une imitation de celle de l'Inde.

L'ouvrage de M. de Humboldt sur la langue kawi (*Ueber die Kawi sprache.* Berlin, 1836-1840, 3 vol. in-4°) a jeté un grand jour sur cette question. M. Buschman, éditeur des deux derniers volumes de l'ouvrage dont nous venons de parler, annonce qu'il va publier le texte et la traduction du *Brata Yuddha*, qui formeront le complément de l'ouvrage de M. de Humboldt: c'est un poëme épique écrit en kawi, et imité du Mahâbhârat; Raffles en avait déjà publié une partie.

Après le kawi, le malai doit un instant nous occuper. Déjà les travaux de Marsden avaient fait connaître cette langue; ceux du jeune et savant Jacquet, sitôt enlevé aux lettres orientales, ont surtout fait apprécier l'intérêt ethnographique du malai. Le mémoire de ce savant, intitulé *Bibliothèque malaie* (inséré dans le *Journal asiatique*), est un monument remarquable de son savoir et de sa pénétration. On vient de créer à l'école des langues orientales une chaire de malai, et l'on doit espérer que M. Dulaurier, à qui on l'a confiée, nous fera connaître les lois, les annales et les livres religieux de la Malaisie, si nombreux et si importans.

§ 7. *Triomphe du Brahmanisme sur le Buddhisme. — Développement de la philosophie indienne.*

Le Brahmanisme dut sa victoire sur le Buddhisme aux efforts du philosophe védantiste Sankara, qui vivait au sixième siècle de notre ère. Mais si les Brahmanes ont vaincu le Buddhisme, ils ont vu s'élever d'autres ennemis; c'est pendant cette grande lutte que l'esprit philosophique des Indiens se développa. Il serait difficile d'exposer en quelques mots les divers systèmes de la philosophie indienne; qu'il nous suffise de dire que toutes les questions ont été abordées et discutées.

Déjà le P. Pons avait, comme nous l'avons dit, donné des détails très positifs sur la philosophie des Indiens; mais de 1824 à 1829, Colebrooke inséra dans les Transactions de la Société asiatique de Londres une série de mémoires sur les diverses écoles philosophiques de l'Inde (1), qui complétaient les renseignemens déjà connus : c'est encore le meilleur ouvrage que nous ayons sur ce sujet. En Allemagne, M. Frank avait commencé, sous le titre de *Vyasa*, un recueil de dissertations et de textes relatifs à la philosophie indienne (2). Le même indianiste publia encore une fort obscure traduction des axiomes de la philosophie védanta, dont le texte avait paru à Calcutta.

M. Lassen forma aussi, en 1832, le projet de publier, sous le titre de *Gymnosophistes*, un recueil des monumens de la philosophie indienne, et des textes avoués dans chacune des écoles. M. Lassen commença à publier (avec traduction latine) les axiomes de la philosophie sankhya; mais il n'a pas continué cette publication.

Colebrooke avait publié un important travail sur les axiomes de la philosophie sankhya; la mort l'avait empêché de le compléter; mais M. Wilson a continué ce travail; il y a ajouté le commentaire d'un auteur indien, antérieur au septième siècle de notre ère, a traduit ce commentaire, et a fait de son ouvrage, intitulé *Sankhya Karika*, l'une des plus utiles publications qui aient encore paru sur la philosophie indienne.

M. Windishman a publié, en 1835, sous le titre de *Sankara*, une collection d'axiomes de la philosophie védanta, attribués à Sankara, et a fait usage de quelques

---

(1) Traduit par Pauthier, sous le titre de *Essais sur la philosophie des Hindous*, 1 vol. in-8°. Paris, 1833.
(2) Ce recueil n'a pas été continué.

upanichads pour composer son substantiel commentaire. Nous devons encore mentionner le mémoire de M. Barthélemy Saint-Hilaire sur la philosophie niaya ou logique indienne (1), et surtout le mémoire de Wilson sur les sectes indiennes, qui fait connaître avec de grands détails l'état moderne de la religion populaire de l'Inde.

§ 8. *Les Purânas.* — *Nouveau développement de l'Inde, après la ruine du Buddhisme.*

Après sa victoire sur le Buddhisme, l'Inde, profondément modifiée par la lutte, se développa dans une direction nouvelle et toute polythéistique. Elle étendit, amplifia, coordonna, et chanta les vieilles données védiques, mais remaniées d'après les nouvelles idées. De ce travail sortirent les Purânas, védas des nouveaux dieux; les poëmes imités des vieilles épopées ou de leurs épisodes; les commentaires sur les lois, sur les livres sacrés, qui devenaient obscurs et avaient besoin d'être interprétés; les drames, expositions pratiques des grandes scènes de la mythologie; enfin, apparaît l'histoire, à un moment où la personnalité humaine, se dégageant du panthéisme, commence à apprécier sa valeur, à tenir compte de ses actes, et à en conserver le souvenir.

Cette dernière période de l'histoire littéraire de l'Inde dure jusqu'à la conquête musulmane, c'est-à-dire jusque vers le quatorzième siècle de notre ère. Ce n'est pas que depuis, et même jusqu'à nos jours, l'Inde n'ait encore vu naître quelques produits originaux, fruits de son antique culture; mais le contact des idées musulmanes, en agissant sur ces productions modernes, a pu modifier le fonds primitif. Il nous suffira, pour en donner un exemple, de citer les Seiks, dont la croyance est une sorte de syncrétisme du brahmanisme, du mahométisme, et peut-être de quelques idées chrétiennes.

A. *Les Purânas.* — « Les livres nommés dans l'Inde Purânas composent un ensemble de dix-huit ouvrages, dont les titres sont en général formés du nom d'une divi-

---

(1) Mémoires de l'Académie des sciences morales et politiques.

nité, soit que cette divinité passe pour avoir promulgué l'ouvrage qui porte son nom, soit qu'elle y paraisse comme l'objet d'un culte spécial et exclusif. C'est ainsi que le Brâhma Purâna est nommé de cette manière, parce que c'est, dit-on, Brahma qui l'a révélé au sage Marîtchi, tandis que le Bhagavâta tire son nom de Bhagavat, à la louange duquel il est consacré. Ces livres sont très considérables, et un texte qui est souvent répété porte à quatre cent mille le total des stances dont se compose leur réunion, ce qui donne la masse énorme de seize cent mille vers. Écrits primitivement en sanskrit, ces volumineux ouvrages ont été traduits dans la plupart des dialectes vulgaires de l'Inde, et ils sont encore aujourd'hui entre les mains des Hindous de tout rang qui en font leur lecture habituelle. Un corps d'ouvrages aussi vaste et aussi répandu doit avoir exercé une puissante influence sur l'esprit du peuple, et nous pouvons hardiment considérer les diverses parties dont il se compose comme très propres à nous faire connaître les goûts littéraires et la direction des idées de la masse de la population indienne (1). »

Nous regretterions de ne pas laisser parler plus longtemps le savant indianiste, si à l'article INDE ces questions de littérature ne devaient être examinées; contentons-nous donc de dire ici que les Purânas, sous leur forme actuelle, sont d'époques très diverses, qu'ils renferment des documens d'une haute antiquité, et qu'ils portent l'empreinte manifeste de remaniemens dont l'influence des sectes modernes a été la principale cause.

Dès l'année 1788, un Français, Foucher d'Obsonville, avait publié, d'après une version tamoule, la traduction du Bhagavâta-Purânâ, et la publia sous le titre de *Bagavadam*, ou doctrine divine. Cette traduction, faite d'après une version très abrégée, n'était pas de nature à avancer la science.

Plus tard, M. Wilson, profitant de sa position dans l'Inde, a fait exécuter à Calcutta, par d'habiles Brahmanes, une analyse très détaillée de ceux des Purânâs dont il avait pu rassembler les manuscrits les plus complets. Les résul-

(1) Burnouf, p. VIII de la préface du Bhagavâta-Purâna.

tats de ces analyses ont successivement paru dans les journaux des sociétés asiatiques de la Grande-Bretagne et du Bengale (sous le titre d'Essai sur les Puranâs). On peut encore consulter Kennedy, Recherches sur la mythologie hindoue (en anglais), et principalement la préface que M. Eug. Burnouf a placée en tête de sa traduction du Bhâgavata Puranâ.

Déjà deux Puranâs sont traduits; le *Wischnu Puranâ* a été traduit en anglais par Wilson (1 vol. in-4°, 1840). Ce Puranâ contient des matériaux fort anciens; on y attribue à Wichnu la supériorité sur les autres dieux. Il renferme des listes généalogiques d'anciennes familles royales, qui fourniront certainement des documens historiques, lorsqu'on les étudiera comparativement avec des généalogies assez semblables contenues dans le 9° livre du Bhâgavata Puranâ. Le *Bhâgavata Puranâ* a été publié par M. Eug. Burnouf (texte et traduction), 1 vol. a déjà paru dans la collection orientale. Ce Puranâ est consacré à l'histoire poétique de Krichna ou Bhâgavat, la grande incarnation de Vichnu. La préface, l'usage du commentaire sanskrit de Sridhara, l'exactitude et l'élégance de la traduction, l'impression magnifique de l'ouvrage, rendent ce volume digne de son auteur. On annonce de Bombay la publication d'une autre édition de ce Puranâ, ce qui indique son importance.

M. Ram Comal Sen, secrétaire indien de la Société de Calcutta, est sur le point, dit-on, d'entreprendre une édition complète des dix-huit Puranâs.

B. *Poëmes modernes.* — Nous mentionnerons parmi les poëmes modernes de l'Inde :

1° Le *Meghaduta*, charmant poëme sur les diverses contrées de l'Inde, au-dessus desquelles passe un nuage voyageur. (Traduit en 1816 par Wilson, et publié à Calcutta.)

2° Le *Ritu Sankara*, poëme sur les saisons, attribué à Kalidasa. (Traduit en latin et en allemand par Bohlen, et publié à Leipsig après la mort du traducteur en 1840.)

3° Le *Nalaudaya*, poëme moderne sur Nalus. (Traduit en latin par Benary, et publié à Berlin en 1830.)

4° Le *Naichadha-Tcharitra*, autre poëme sur Nalus. (Le texte seulement a été publié à Calcutta.)

5° *Bhatti-Kavia*, poëme sur Rama; c'est une refonte

du Ramayan. (M. Schutz en annonce une traduction.)

6° Le *Kumára-Sambava*: ce poëme, qui décrit le mariage de la fille de l'Himalaya avec Siva, est tiré d'un épisode d'un Puranâ, remanié et rajeuni. (Traduit en latin par Stenzler.)

7° Le *Ragu-Vansa* raconte l'histoire de la famille de Rama; c'est encore un poëme tiré du Ramayan, et qui est attribué à Kalidasa. (Traduit par Stenzler.)

Ces ouvrages sont de ce second âge de la poésie indienne, pendant lequel des hommes, d'un talent moins élevé que ceux des temps primitifs, reprirent les traditions antiques et les développèrent. On peut comparer cette période de la littérature indienne à celle de l'école d'Alexandrie, dans l'histoire de la littérature grecque.

C'est encore ici le lieu de parler des fables de l'Inde : Wilkins a donné, en 1787, la traduction anglaise du recueil des fables choisies de l'Inde (*Hitopadesa*), et en 1850, M. Loiseleur-Deslongchamps a publié son Essai, fort intéressant, sur les fables indiennes. (1 vol. in-8°.)

C. *Théâtre*. — Dans l'Inde, comme dans la Grèce, le drame est sorti de l'épopée. Le drame indien a son origine dans ce grand remaniement de la littérature dont nous venons de parler. Déjà au cinquième ou au sixième siècle avant notre ère, le pali nous avait montré un idiome altéré du sanskrit : le sanskrit suivit cette marche d'altération, et dès le commencement de notre ère on peut constater dans les drames l'existence d'un nouveau dialecte, le prakrit. (Voy. la préface de la Grammaire prakrite de Lassen.) Sans vouloir parler ici de choses dont il doit être traité ailleurs, on peut toujours dire que le prakrit a influé directement sur la naissance des dialectes provinciaux du nord de l'Inde, tels que le hindi et son dérivé l'hindoustani (dont la littérature a fourni à M. Garcin de Tassy le sujet d'intéressantes publications), le mahratte, le guzarati et le bengali, etc. Mais revenons au théâtre indien. W. Jones faisait connaître ce théâtre à l'Europe, dès 1789, en publiant à Calcutta le drame célèbre de la reconnaissance de Sacountala, composé par Kâlidâsa, environ cinquante ans avant l'ère chrétienne. Ce drame fut bientôt traduit en allemand par Fors-

4

ter, et en français par Bruguière de Sorsum; enfin, en 1832, parut la traduction de Sacountala par Chézy.

En 1827 M. Wilson publia son ouvrage sur le théâtre indien (*select specimens of the theatre of the Hindus*), dont M. Langlois a donné une traduction française. L'ouvrage de M. Wilson comprend la traduction de six pièces et l'analyse de vingt-trois.

Depuis cette année, Chézy, comme nous venons de le dire, a publié Sacountala : MM. Lenz, Hirzel, Poley et Taylor, ont traduit diverses pièces. Nous devons dire quelques mots sur le drame intitulé : *Le Lever de la lune de l'intelligence*, dont M. Taylor a donné récemment la traduction. Dans ce drame les systèmes philosophiques jouent un rôle et se disputent la possession de l'âme.

Le théâtre indien est très important à connaître pour l'étude des mœurs de l'Inde; l'époque de sa splendeur est le second siècle de notre ère; il a eu alors son législateur Dhanandjaya, auteur d'un traité didactique; et si la scène indienne n'admet pas notre distinction de la tragédie et de la comédie, elle n'admet pas moins de dix formes différentes de drames.

D. *Histoire.* — « L'histoire est cette lampe qui détruit
» l'enveloppe de l'ignorance, et qui éclaire convenablement
» toute la maison intérieure de l'humanité. »

Cette définition est donnée par le Mahabharat-Adiparva; et si nous l'avons citée, c'est pour faire connaître quelle noble idée les Indiens ont de l'histoire.

Nous avons déjà mentionné les grands poëmes épiques de l'Inde comme renfermant sa plus ancienne histoire; après eux vient un ouvrage réellement historique et chronologique, le *Rádjatarangini*, ou histoire des rois du Kachmîr. Ce livre est, à vrai dire, le seul ouvrage historique indien qui soit encore connu : c'est une chronique en vers contenant l'histoire d'une partie importante de l'Inde, depuis l'an 2248 avant Jésus-Christ jusqu'à l'année 1586 de notre ère. Le texte de cette histoire avait été publié en 1852 à Calcutta; M. Wilson avait donné son Essai sur l'histoire du Kachmîr : il restait néanmoins à traduire et à commenter ce livre si important. M. Troyer a entrepris cette tâche et a réussi complétement. A un texte critiqué avec une grande connaissance de la langue, il a joint une traduction exacte et conciencieuse, des notes sur l'histoire, la religion, la géographie, un essai géographique et ethnographique sur le Kachmîr; enfin, sous le titre modeste d'Examen critique du Radjataranginî, M. Troyer a abordé les questions les plus neuves et les plus difficiles de la chronologie indienne et de ses synchronismes. Une pareille publication fait autant d'honneur à son auteur qu'à la société asiatique de Paris qui a édité ce travail. Nous avons dit aussi que le Mahavansa, le Baghavata et le Vichnu Puranâ renfermaient des généalogies, des indications historiques considérables. Si à ces sources qui se compléteront de jour en jour, on ajoute les nombreuses données fournies par les découvertes récentes de l'archéologie indienne, on se convaincra aisément que le voile mystérieux qui couvre l'histoire de l'Inde commence à se déchirer.

§ 9. *Archéologie.*

S'il est important d'étudier la littérature d'un peuple pour arriver à la connaissance exacte de l'état de sa civilisation, il n'est pas moins utile d'étudier les monumens d'arts qu'il a produits; presque toujours l'interprétation de ces monumens sert à expliquer des symboles incompréhensibles dans les livres, fait connaître les mœurs, les usages, et révèle des événemens inconnus.

Dans l'Inde, l'archéologie a un vaste champ à parcourir: les 1 200 inscriptions déjà connues, les 50 000 médailles déjà découvertes, les innombrables sculptures des temples, offrent une mine inépuisable aux efforts des savans, et promettent de grands éclaircissemens pour l'histoire de ce pays.

« L'archéologie indienne a fait de grands progrès depuis Colebrooke, qui commença à étudier les nombreuses inscriptions de l'Inde. (Voy. Rech. as. de Calcutta.) On est frappé d'abord par les grandes découvertes qu'a faites M. Prinsep au moyen des inscriptions et des médailles anciennes que l'on a trouvées depuis quelques années en si grand nombre, tant dans l'Inde que dans l'Afghanistan et au-delà du Hindoukousch. Ces inscriptions sont de différentes espèces: les unes, et ce sont les plus récentes, sont écrites en sanskrit avec des variétés très considérables du caractère dévanagari. M. Prinsep en rassembla un grand nombre, les publia dans son journal, et mit ainsi M. Mill, indianiste fort habile, en état de les déchiffrer et de publier la traduction des plus importantes et des plus étendues. Les autres sont écrites dans un caractère regardé pendant long-temps comme indéchiffrable : elles proviennent des provinces de l'Inde centrale, depuis l'Orissa jusqu'au Guzzerate, où elles couvrent des rochers et des colonnes fort anciennes. M. Prinsep a eu le rare mérite de découvrir à la fois l'alphabet et la langue de ces inscriptions, qui se sont trouvées être des monumens buddhistes, dont les plus anciens datent, suivant toute apparence, de trois ou quatre siècles avant notre ère. Cette découverte lui a permis de ramener à un type commun les inscriptions en apparence si différentes des temples souterrains d'Ellora, de Carli et d'autres, des Kutub-Minars de Dehli et d'Allahabad, et des rochers de Guirnar; elle a fixé d'une manière certaine plusieurs points importans de l'histoire ancienne de la Péninsule, et nous a fait entrevoir des détails infiniment curieux sur les rapports qui ont existé entre les Séleucides et les rois buddhistes de l'Inde. (On ne saurait, à ce sujet, passer sous silence les importantes recherches de M. Elliot sur les inscriptions du sud et de l'ouest de l'Inde, consignées dans le *Journal asiatique* de Londres.) Le déchiffrement de ces inscriptions a conduit également M. Prinsep à la lecture des légendes dites *barbares* des médailles bactriennes. Ces médailles (dont on doit la découverte au général Ventura de Lahore) ont été trouvées par milliers, et presque simultanément dans le nord de l'Inde et au-delà de l'Indus, dans le centre de l'Afghanistan et surtout dans la Bactriane. Jusqu'alors elles allaient se perdre, à mesure qu'elles étaient découvertes, dans le creuset des orfèvres, et même dans la forge des chaudronniers, qui en faisaient des ustensiles de ménage, tant elles étaient abondantes. M. Prinsep a été le premier qui en ait publié, dans le journal de Calcutta, des séries considérables. Pendant qu'il les déchiffrait à Calcutta, M. Lassen, à Bonn, arrivait, par une coïncidence honorable pour ces deux savants, au même résultat. Cette découverte a ajouté non seulement des noms nouveaux à la série des rois grecs de la Bactriane, mais elle nous a fait connaître plusieurs dynasties appartenant à des races qui n'ont pas laissé d'autres traces dans l'histoire; elles ont confirmé ce que nous avaient déjà appris les voyageurs chinois sur la grande extension du Buddhisme à l'ouest de l'Indus; elles ont montré qu'un dialecte dérivé du sanskrit était, sinon la seule langue, au moins la langue officielle d'un pays où il était naturel de chercher exclusivement des dialectes d'origine persane; elles nous ont donné des noms grecs écrits en caractères palis, des légendes sanskrites aux revers de médailles grecques, et elles peuvent nous guider dans l'étude de l'histoire obscure de l'Asie centrale, où le mélange des races et des religions a produit de si étranges phénomènes pendant l'époque qui s'est écoulée entre Alexandre-le-Grand et la chute de l'empire des Sassanides (1). »

Au moment où nous imprimons notre travail, nous apprenons que M. Wilson vient de publier, sous le titre de *Ariana Antiqua* (Londres, 1842) une vaste compilation comprenant tout ce qu'on sait jusqu'ici sur les médailles indiennes de tous les âges, trouvées tant dans l'Afghanistan que dans l'Inde. Quant aux monumens, ils n'ont pas encore été étudiés d'une manière bien profitable. Heeren, (Idées sur le comm. et la polit. des peupl. de l'antiq.) donne des descriptions incomplètes et souvent inexactes; les recueils de gravures représentant les monumens de l'Inde ont été faits par des *touristes*, qui ont tout sacrifié au pittoresque. Les seuls livres que nous puissions citer, pour l'étude des monumens, sont : 1° *Hindoo excavations in the mountain of Ellora*, par Daniel (in-fol. 1803, Lond., pl. en couleur); 2° les Monumens de l'Indostan, par Langlès, ouvrage rédigé d'après le précédent; 3° *The wonders on Ellora*, par Seely, 1825, in-8°; 4° l'Essai sur l'architecture indienne, par Râm-Râz (in-4°, Londres, 1834, en anglais); 5° Plusieurs mémoires dans les recueils asiatiques de Calcutta, de Bombay et de Londres.

(1) Rapport de M. Mohl, *loc. cit.*

ÉTHIOPIE.

L'Ethiopie, l'un des anneaux qui rattachent l'Europe orientale à l'Asie, est, à bien des égards, digne de l'attention des savans; ce n'est pourtant que depuis peu d'années que l'on s'est occupé de son histoire. Il fallait que l'on fût entraîné par cet impérieux besoin de reconstituer la genèse de l'humanité pour que l'on pensât à rédiger ce minime verset de cette grande histoire. Jusqu'alors l'Ethiopie n'avait attiré l'attention que par la singularité de la religion de ses habitans, restés catholiques au milieu des musulmans et des païens de l'Afrique, et sa langue n'avait été cultivée que dans un but de propagande religieuse, et à Rome d'abord, puis dans un but commercial, et alors par les Portugais.

Les premiers travaux sur la langue de l'Abyssinie remontent à 1513 : cette année, Potken publia à Rome un psautier éthiopien, avec un syllabaire de cette langue; après lui, Guill. Postel (1538), Marianus Victorius (1548), Angelus Caninius (1554), Caietanus Palma (1596), publièrent divers ouvrages relatifs à la langue abyssine. Au dix-septième siècle, l'Allemand Ludolph avança la science par la publication de la Grammaire amharique (Francfort, 1698), et du Dictionnaire éthiopien-latin (1699). Quant à l'histoire de l'Ethiopie, l'influence du christianisme l'a réduite à une mesquine antiquité en détruisant les anciennes traditions. Le souvenir du puissant royaume de Méroé a même disparu des annales abyssines, et l'ouvrage historique de Ludolph sur l'Ethiopie (1681) est loin de répondre aux idées que l'on a de nos jours sur l'antiquité et les origines de ce pays. Le dix-huitième siècle laissa les choses où Ludolph les avait mises : de notre temps les travaux faits sur l'Egypte ont réagi sur l'Ethiopie; les savantes recherches de Heeren (*Idées sur la polit. et le comm. des peuples de l'antiquité*), le beau voyage de Caillaud à Méroé (1), le Mémoire de Wilford sur l'Egypte et l'Ethiopie (t. III,

(1) Nous ne parlerons pas du Voyage en Ethiopie de Hoskins (Londres, 1834), qui n'est qu'une maladroite et inexacte reproduction de celui de Cailland.

Asiat. resarch.), les importans travaux faits sur les langues des Agaw (Journal de la Société asiatique de Paris, 1841), et sur les monumens de Méroé, ont commencé à éclaircir les origines de l'Ethiopie, et déjà l'on peut entrevoir d'anciennes communications entre l'Inde et l'Afrique, à la suite desquelles la civilisation de l'Asie se répandit sur les rives du Nil.

ÉGYPTE.

Dès la renaissance, les savans s'occupèrent activement de l'Egypte, dont les monuments, l'histoire, et surtout l'écriture mystérieuse, éveillaient la curiosité des esprits, alors si ardens au travail de la restauration de l'antiquité. Scaliger essaya de tirer la langue égyptienne de l'oubli ; Ange-Politien, le P. Crinit, Ph. Beroalde, Pierre Valérian et Pierre de Belestat traitèrent la question des hiéroglyphes. L'ouvrage de ce dernier, premier médecin de Henri III, doit, en tant que résumant les opinions du seizième siècle sur l'écriture des Egyptiens, attirer un moment notre attention; on pourra du moins juger quels progrès la France a fait faire à une étude née chez elle, en comparant le point de départ avec les résultats déjà obtenus.

Belestat a intitulé son ouvrage : *Discours des hiéroglyphes ou sculptures sacrées des Egyptiens, avec cinquante-quatre tableaux hiéroglyphes pour exprimer toutes conceptions à la façon des Egyptiens, par signes et images des choses au lieu de lettres* (Paris, 1583, in-4°). Dans ce livre, Belestat regarde les hiéroglyphes comme inventés par les prêtres de l'Egypte pour tenir secrets leurs mystères ; c'étaient de purs symboles dont il fallait avoir le mot pour les comprendre ; on donnait ce mot au roi lorsqu'on l'avait élu. Ainsi le cyprès représentait la mort ; l'olivier la paix, etc. Belestat se sert pour ses interprétations d'Horus-Apollon, de Clément d'Alexandrie, et de quelques auteurs anciens ; et malgré l'absurdité de plusieurs de ses conclusions, celle-ci par exemple, que les armoiries et les hiéroglyphes ont de grands rapports, Belestat résolut quelquefois avec justesse les difficultés les plus graves. Ainsi il déclare que les Egyptiens doivent avoir eu d'autres caractères que les hiéroglyphes ; et ce qui le met sur la trace de cette vérité qu'il soupçonna le premier, et qui est démontrée aujourd'hui, c'est que les Hébreux avaient une écriture différente, et que Moïse, qui la leur avait donnée, avait demeuré parmi les prêtres de l'Egypte (1). Mais il est temps de continuer le récit des efforts long-temps infructueux des égyptologues.

Dès le dix-septième siècle, quelques cabinets renfermaient déjà un certain nombre d'objets d'art égyptiens, de différens genres, qui avaient été envoyés en Europe par des agens consulaires, comme de simples objets de curiosité. La plupart de ces monumens provenaient des fouilles exécutées sur l'emplacement de Memphis et des hypogées de Sakkara ; c'étaient des statuettes, des amulettes et quelques momies. Plus tard, on posséda des lambeaux de manuscrits égyptiens sur toile, et des cercueils de momies, chargés d'inscriptions hiéroglyphiques. Ces divers objets fixèrent de nouveau l'attention des savans, fatigués par de vains efforts, sur le système d'écriture des anciens Egyptiens. On rassembla les textes des auteurs grecs sur ce sujet, et on étudia les obélisques de Rome. Seulement, comprenant mal le sens des auteurs grecs qui avaient écrit sur les systèmes d'écritures des Egyptiens, on continua à admettre cette fausse idée, que l'écriture hiéroglyphique ne représentait nullement le son des mots de la langue parlée, et que tout caractère hiéroglyphique était le signe particulier d'une idée distincte ; enfin, que cette écriture ne procédait à la représentation des idées que par des symboles et des emblèmes. Il n'y avait progrès sur le siècle précédent que par l'invasion de l'archéologie dans la question. Kircher, qui écrivit sur l'Egypte d'après ces idées, ne garda aucune réserve, et abusa de la bonne foi de ses contemporains, en publiant, sous le titre d'*OEdipus Ægyptiacus* (1652-4, in-folio), de prétendues traductions des légendes hiéroglyphiques, sculptées sur les obélisques de Rome. Il osa même composer l'éloge de l'empereur Ferdinand III, auquel il dédiait son livre, en langue égyptienne, écrite en hiéroglyphes, et plaça cette inscription parmi les vingt-six dédicaces en toutes langues qui précèdent son ouvrage.

(1) Cf. l'ouvrage de M. Salvolini (*Analyse grammaticale*, etc.). Ce savant élève de Champollion a démontré que quatorze lettres de l'alphabet hébreu venaient de l'alphabet égyptien.

Les rêveries et les fourberies de Kircher contribuèrent à répandre, dans le monde savant, le préjugé d'après lequel les inscriptions hiéroglyphiques n'auraient été comprises que par les prêtres seuls, et qu'elles renfermaient uniquement les doctrines occultes de la classe sacerdotale. Cette opinion, ajoutée à celle que l'écriture égyptienne était d'une nature purement idéographique, arrêta tout progrès dans la science.

On négligea le seul moyen d'arriver à lire ces inscriptions mystérieuses : « la connaissance préalable de la langue parlée des anciens Egyptiens. »

On ne songea pas que le copte pouvait être cette langue, bien que dès lors cet idiome fût étudié. Ce qu'il y a de curieux, c'est que Kircher répandit lui-même la connaissance de la langue copte, en Europe, en publiant son ouvrage intitulé : *Lingua Ægyptiaca restituta* (1636); mais il ne sut tirer aucun profit de cette langue pour ses traductions d'hiéroglyphes. On étudia d'abord le copte au seul point de vue de la littérature biblique. Ce fut Saumaise qui, le premier, montra l'avantage que la philologie pouvait retirer des notions renfermées dans les textes coptes, en expliquant, par leur moyen, un bon nombre d'anciens mots égyptiens rappelés dans les écrivains grecs. Lacroze composa un dictionnaire égyptien-latin (publié en 1775) : ses travaux et ceux de l'Anglais Wilkins ranimèrent les études égyptiennes. On chercha s'il ne serait pas possible, en rassemblant tous les textes grecs et latins, et en interprétant les noms des divinités de l'Egypte par le copte, d'arriver à la connaissance du système religieux des Egyptiens. Ce fut là le but de Jablonski, lorsqu'il entreprit son Panthéon égyptien (*Pantheon Ægyptiorum sive de diis eorum commentarius*, 1750. — 3 vol. in-8°).

Jablonski échoua dans sa tentative ; il prit les noms altérés par les Grecs, au lieu des noms exacts donnés par les textes hiéroglyphiques, et il ne put interpréter, à l'aide du dictionnaire incomplet de Lacroze, des noms altérés.

La seconde moitié du dix-huitième siècle vit naître quelques autres tentatives du même genre. Toutes les questions étaient résolues *à priori ;* suivant l'un, les inscriptions égyptiennes sont relatives à l'astronomie ; suivant l'autre, à l'agriculture; suivant un troisième, les hiéroglyphes ne formèrent jamais une écriture chez les Egyptiens, et n'étaient que de simples ornemens sans signification.

Parlerons-nous de la tentative de l'illustre de Guignes, qui voulut aussi exercer son esprit, ordinairement si sagace, à la lecture des hiéroglyphes? Convaincu que les Egyptiens étaient une colonie chinoise, il prétendit interpréter leur écriture à l'aide de celle des Chinois.

Les esprits sages, fatigués de ces puériles discussions, se contentèrent dès lors d'amasser des matériaux, laissant aux savans à venir le soin de pénétrer et d'expliquer tous ces mystères. Montfaucon, Caylus et surtout Zoëga, se distinguent pendant cette période de l'histoire de l'archéologie égyptienne.

Le Danois Zoëga était profondément versé dans la connaissance des classiques grecs et de la langue copte; il résuma ses recherches dans son livre *De usu et origine obeliscarum* (in-folio, 1800. Rome). Il s'était occupé de l'écriture hiéroglyphique; il discuta fort en détail et s'efforça d'accorder entre elles les notions fournies par les Grecs, sur le système graphique des Egyptiens. Sans réussir complétement à résoudre la question, il soupçonna, le premier, l'existence de l'élément phonétique dans le système de l'écriture sacrée: il réfuta aussi le préjugé de l'emploi mystérieux des hiéroglyphes réservé aux prêtres, et destiné à l'unique transmission des secrets du sanctuaire.

L'expédition d'Egypte, qui eut lieu à cette époque, donna une vive impulsion à l'archéologie égyptienne, et lui fournit une énorme quantité de textes, de matériaux et d'observations précieuses, répandus dans toute l'Europe par la publication du magnifique recueil intitulé : *Description de l'Egypte*, et à la rédaction duquel le savant M. Jomard a consacré vingt années.

La découverte de l'inscription de Rosette, faite à Rosette, en 1799, par M. Bouchard, officier du génie, vint donner une direction nouvelle et sûre aux études égyptiennes, en même temps que M. Et. Quatremère, dans ses recherches sur la langue copte (1800), mettait en avant l'idée féconde de la perpétuité de l'ancien idiome de l'Egypte dans sa langue moderne, fait immense, et dont Champollion a su tirer si grand parti. Dès 1802, Silvestre de Sacy, dans sa lettre à Chaptal, et l'orientaliste Suédois Ackerblad, s'occupèrent du déchiffrement de l'inscription de Rosette. De Sacy détermina les noms propres qui s'y trouvent; Ackerblad arriva à un résultat semblable; et dès lors il fut constaté que l'écriture vulgaire des anciens Egyptiens exprimait les noms propres étrangers par le moyen de signes véritablement alphabétiques. Nous devons ne pas omettre l'ouvrage du C. de Palin, sur l'étude des hiéroglyphes, publié en 1812 à Paris (5 vol. in-12).

Arrivé à ce point de notre travail, nous ne pouvons plus exposer que très généralement les efforts des savans pour arriver à la lecture des écritures égyptiennes.

Le docteur Young confirma les recherches de ses prédécesseurs dans la lecture des noms propres de l'inscription de Rosette; mais, par suite des nombreux changemens d'opinion de ce savant, ses travaux n'ont eu aucun résultat, pas même pour la lecture d'un seul des noms propres, sculptés en si grande abondance sur les monumens de l'Egypte.

La question relative à la nature élémentaire du système hiéroglyphique restait cependant tout entière : les écritures égyptiennes procédaient-elles idéographiquement, ou bien exprimaient-elles les idées en notant le son même des mots ?

Champollion, dans son Précis du système hiéroglyphique publié en 1824, aborda la question et la résolut ainsi : « Le système graphique égyptien tout entier employa simultanément des signes d'idées et des signes de sons; que les caractères phonétiques, de même nature que les lettres de notre alphabet, loin de se borner à la seule expression des noms propres étrangers, formaient au contraire la partie la plus considérable des textes égyptiens hiéroglyphiques, hiératiques et démotiques, et y représentaient, en se combinant entre eux, les sons et les articulations des mots propres à la langue égyptienne parlée. »

Ce point de fait a reçu depuis les confirmations les plus complètes : on a pu lire les inscriptions égyptiennes ; on s'est convaincu que la langue égyptienne antique ne différait en rien d'essentiel du copte. Le voyage entrepris par Champollion en Egypte et en Nubie, en 1828, avec quelques savans toscans, confirma toutes les opinions de ce maître. Enlevé à la France par une mort prématurée, Champollion a laissé une nombreuse école qui, aidée par les travaux du maître (la Grammaire égyptienne et le Dictionnaire des hiéroglyphes) (1), a continué son œuvre (2).

M. Rosellini a publié un livre fort important pour l'histoire : ce sont les monumens historiques de l'Egypte et de la Nubie (Pise, 1832, en italien). M. Salvolini a publié un ouvrage également très important sur l'ancienne Egypte : c'est l'Analyse grammaticale raisonnée des différens textes anciens égyptiens (Paris, 1836, en français). Nous devons aussi parler de M. Amédée Peyron, professeur à l'université de Turin; dont les travaux sur les papyrus égyptiens, sur la Grammaire et le Dictionnaire copte, ont obtenu le suffrage des savans. En Allemagne, M. Lepsius a déjà donné à l'académie de Berlin de précieux mémoires, et préparé en ce moment un grand ouvrage sur la chronologie et l'histoire de l'Egypte (voy. le Journ. de l'Institut, n° 56), et une Grammaire copte. Il faut aussi mentionner les écrits de MM. Leemans, Nestor Lhôte, Lenormant, et surtout la compilation d'Ideler (Hermapion, in-4°. Leipsig, 1841) comme résumé de tout ce qui a été fait sur l'Egypte. L'ouvrage de l'académicien russe Goulianof (*Archéologie égyptienne*, Saint-Pétersbourg, in-8°, en français), bien qu'il n'ait pas placé son auteur à un rang élevé dans la science, doit être au moins cité, pour indiquer quel retentissement ont eu les travaux de Champollion.

LANGUES CHINOISES ET TARTARES.

§ 1. *La Chine.*

Les grands mouvemens de peuples qui s'accomplirent dans l'Asie, à l'époque de la fondation de l'empire des Mongols, et les croisades, qui eurent lieu en même temps, mirent en relation, pour la première fois, les peuples de l'Eu-

(1) Ce dernier ouvrage est sous presse et paraîtra bientôt par les soins de MM. Didot.
(2) Nous avons tiré en grande partie ce qui précède de la préface de la Grammaire égyptienne de Champollion.

rope avec ceux de l'Asie centrale. Les papes, les Français et les Vénitiens ouvrirent des relations politiques avec les Mongols, et c'est à propos de ces relations que l'on commença à pénétrer dans l'Asie centrale, à étudier sa civilisation, et à importer chez nous quelques uns de ses résultats. Il nous paraît à propos d'indiquer, en quelques mots, dans quel but furent entreprises ces relations, et quels résultats elles amenèrent. Ces faits si curieux ont été développés avec tant de talent par Abel Rémusat, que nous nous contenterons d'extraire de son ouvrage ce qui est réellement nécessaire à notre sujet.

Lorsque les Mongols, fondant leur empire en Asie, se trouvèrent aux prises avec les Turcs seldjoucides, la conformité de leurs intérêts avec ceux des princes d'Europe, alors en guerre contre ces Turcs, au sujet de la Terre-Sainte, amena des relations et des alliances entre les khans mongols et les souverains chrétiens. La papauté, fidèle à ses principes de propagande, profita de la ressemblance de quelques unes des doctrines de la religion des Mongols, c'est-à-dire du Buddhisme, avec celles du catholicisme, pour essayer de les convertir à cette dernière religion. En 1247, Innocent IV leur envoyait des missionnaires; mais leurs efforts furent inutiles. En même temps, quelques Français servaient, on ne sait comment, dans les armées de ces Tartares, et en les étonnant par leur incroyable valeur, rendaient le nom français redoutable chez les peuples de l'Asie. Saint Louis profita, en 1253, des dispositions favorables des Mongols envers les *Francs*, pour leur envoyer des députés; et lorsque Houlagou eut pris Bagdad en 1258, et fondé la sultanie mongole de Perse, les relations de ces sultans avec l'Europe devinrent assez fréquentes : leur but était de conclure des alliances contre les soudans turcs de l'Egypte. Vingt ambassades furent envoyées par eux aux papes et aux rois de France, d'Angleterre et d'Espagne, pour les exciter à faire des croisades; on connaît surtout la lettre écrite en 1289 par Argoun à Philippe-le-Bel : il résulta de ces relations, non pas de grands avantages politiques, mais de fréquentes communications entre l'Europe et l'Asie. On trouve un grand nombre d'Européens fixés en Tartarie à cette époque. Plusieurs voyages considérables ont lieu en Asie, pendant ce temps; ainsi, Ascelin, Carpini, frère André, Rubruquis, Mandeville, Oderic de Frioul, Pegoletti et Guillaume de Bouldeselle, parcoururent l'Asie centrale pendant le treizième siècle. Le plus célèbre de ces voyageurs est Marco-Polo, dont nous parlerons spécialement tout-à-l'heure.

Ces voyages facilitèrent le développement de la civilisation de l'Europe, qui prit au treizième siècle un essor si remarquable, et servirent à l'importation de plusieurs idées et inventions orientales. On songea à étudier les langues de l'Asie, et l'on traduisit même l'Evangile et les psaumes en mongol. La polarité de l'aimant, la poudre, le papier, l'imprimerie stéréotype, le papier-monnaie et les comptoirs pour le changer, pénétrèrent d'Asie en Europe à la suite de ces relations. Mais ce qui nous intéresse spécialement, c'est l'étude naissante des langues orientales et l'attention de l'Europe attirée sur l'Asie.

L'homme qui a agi le plus puissamment en ce sens, qui a le mieux fait connaître l'Asie à l'Europe, c'est à coup sûr le Vénitien Marco-Polo. Son père avait déjà fait d'importans voyages en Asie, lorsqu'en 1274, il partit avec lui, pour porter des lettres du pape au grand khan des Mongols. Sans entreprendre ici une description de ce voyage, nous devons dire toutefois que Marco-Polo visita la Tartarie et la Chine, et qu'il séjourna à Balkh, à Kaschgar et à Péking. Pendant dix-sept ans, il fut attaché au service du khan, et, pendant ce temps, il étudia les langues du pays, ses mœurs, ses institutions. Il visita le Japon, les îles de l'archipel indien, la mer des Indes, la côte orientale de l'Afrique, et, à son retour, la publication de son voyage, rédigé avec vérité et intérêt, donna à l'Europe une foule de notions utiles, élargit l'horizon des connaissances et de l'esprit, et prépara sans contredit les grandes expéditions maritimes du quinzième siècle.

Les conquêtes des Portugais ouvrirent, dès le commencement du seizième siècle, une ère nouvelle aux relations de l'Europe avec l'Asie; et leur établissement à Macao, en 1517, ouvrit aux missionnaires l'entrée de l'empire chinois.

Avant l'année 1578, le P. Valignan s'était rendu à

Macao pour faciliter l'accès de la Chine aux jésuites. « Le
» choix de ceux qui se lanceraient les premiers dans cette
» nouvelle carrière, dit Abel Rémusat, était d'une grande
» importance. Il tomba sur les PP. Roger, Pasio et Ricci,
» tous trois Italiens. Le premier devoir qu'ils eurent à rem-
» plir, fut d'apprendre la langue du pays; et l'on doit con-
» venir qu'à cette époque et avec le peu de secours qu'on
» avait alors, ce n'était pas une entreprise facile. »

Après bien des peines et des traverses, le P. Ricci vint
à Péking; il dut à ses travaux géographiques et mathématiques la faveur de l'empereur. A sa mort (1610), les jésuites
avaient une église à Péking; la mission était fondée, et les
jésuites à l'œuvre. Ce n'est pas ici la place de dire ce qu'ils
ont fait pour la conversion de la Chine au catholicisme;
nous ne devons traiter que de ce qu'ils ont écrit pour faire
connaître la Chine à l'Europe, et cette partie de leurs immenses efforts n'est pas la moins importante. C'est le jésuite italien Intorcetta qui, vers le milieu du dix-septième
siècle, commença à s'occuper des livres sacrés des Chinois,
et en donna connaissance aux savants européens. On a de
lui : *Sinarum scientia politico-moralis*; 1669, Canton :
—*Confucius Sinarum philosophus, sive scientia sinensis
latine exposita*. Paris, 1687. — Ces premiers travaux, fort
peu connus à cause de la rareté excessive des éditions,
méritent d'être mentionnés, car ils ouvrent la voie brillante que devaient parcourir les savants missionnaires de
la Chine.

Avec le règne du célèbre *Khiang-hi* (1662-1722) commence une ère nouvelle pour la mission. Cet empereur laissa
aux jésuites toute liberté, et ceux-ci en profitèrent pour
traduire plusieurs livres chinois importants. Ils envoyèrent
en Europe, et surtout à Paris, ces traductions et un grand
nombre de Mémoires sur l'histoire, les sciences, les arts,
les mœurs et les usages de la Chine, et pour la première
fois l'Europe put entreprendre l'étude de l'histoire de cette
contrée. On conçoit de quel intérêt il était pour les jésuites
de connaître la langue chinoise; aussi composèrent-ils, de
bonne heure, des grammaires et des lexiques. C'est ainsi
que l'Europe put acquérir la connaissance de la langue et
des livres sacrés de la Chine.

Nous avons déjà dit, dans nos prolégomènes, que Louvois envoya en Chine, en 1685, un certain nombre de missionnaires chargés d'étudier les sciences et les arts de ce pays, afin de fournir de nouvelles lumières à l'Europe. Ces missionnaires arrivèrent en Chine en 1686; c'étaient les PP. Bouvet, Fontanay, Tachard, Gerbillon, Lecomte, Visdelou. L'empereur Khiang-hi les accueillit avec faveur, et frappé de leur savoir, devint bientôt leur élève. Ces savans missionnaires firent un grand nombre d'observations astronomiques, et se livrèrent à toute sorte d'études sur la Chine. En 1697, Bouvet revint en France, et en repartit deux ans après avec les PP. Prémare, Régis et Parrenin. Ce fut ainsi que, par les grandes pensées de Colbert, exécutées par Louvois et Louis XIV, fut créée la mission française en Chine qui a donné aux travaux des jésuites ce caractère purement scientifique qui les a rendus si utiles. Parmi les hommes les plus éminens de cette mission, et surtout parmi ceux qui se consacrèrent à l'étude de la langue et de la littérature des Chinois, il faut d'abord citer le P. Régis.

Ce jésuite était surtout célèbre par ses connaissances en géographie. C'est en 1708 qu'il entreprit avec les PP. Bouvet, Jartoux, Fridelli, Cardoso, de Maillac, Henderer et Bonjour, la levée de la carte générale de l'empire chinois. Au bout de huit années d'efforts assidus, cette carte était dressée (*Cf. Duhalde, préf. de la descr. de la Chine*). On ne saurait trop applaudir au zèle et à la science de ces missionnaires qui exécutèrent, en si peu de temps, la plus vaste entreprise géographique que l'on ait encore tentée. Le P. Régis composa aussi plusieurs Mémoires imprimés dans la compilation de Duhalde, et dont l'un, sur le Tibet, fournit de curieux détails sur les divisions hiérarchiques des Lamas.

« Régis, dit Abel Rémusat, que nous nous plaisons à
» citer, Régis avait acquis une connaissance approfondie de
» la langue chinoise, et il s'en servit pour rédiger une
» traduction latine du *Yi-king*, le plus ancien, le plus au-
» thentique, mais aussi le plus obscur et le plus difficile à
» entendre de tous les livres classiques des Chinois. »

Aidé par la traduction littérale du P. de Mailla, par la traduction tartare et par les commentaires du P. du Tartre,

Régis parvint à donner, de ce livre, une excellente traduction qui a enfin vu le jour en 1854 et 1839, par les soins de M. Molh (2 vol. in-8º en latin, publiés à Stuttgard). Le P. Régis a laissé manuscrite une chronologie chinoise (en latin), comparée à celle des autres peuples (manus. de la Bibliot. royale).

Le P. Visdelou, dès son arrivée à la Chine, fit d'importants progrès dans la connaissance de la langue chinoise, et se décida à appliquer ses connaissances à la recherche de l'histoire des nations de l'Asie centrale et septentrionale. Avant lui on ne savait rien d'exact et de complet sur ces nations, et en dépouillant les historiens de la Chine, habitués depuis plus de deux mille ans à recueillir, sur les contrées voisines de cet empire, tous les renseignemens relatifs à leur histoire, Visdelou put composer son *Histoire de Tartarie* (imprimée en 1779 à la suite de la Biblioth. orientale de d'Herbelot, 2 vol. in-fol.), précieux ouvrage, et dont le manuscrit a dû, sans nul doute, comme le remarque Rémusat, aider de Guignes dans la composition de son histoire des Huns.

Le P. Noël est surtout célèbre par sa traduction des six livres classiques, publiés en 1711 à Prague, in-4º, sous le titre de : « *Sinensis imperii libri classici sex.* » Ces six livres viennent immédiatement après les cinq *King*, et tous ceux qui se vouent à la carrière de l'administration doivent les apprendre par cœur. Leurs titres sont : le *Tai-hio*, le *Tchoung-young* le *Lun-iu*, le *Meng-tseu* (qui forment les quatre livres ou *Sse-chou*), le *Hiao-king*, et le *Siao-hio*.

On lui doit encore : « *Philosophia sinica*, Prague, 1711, in-4º. » Ce recueil d'extraits des doctrines et des opinions des philosophes chinois sur Dieu et la morale, est un ouvrage important à consulter. Le P. Noël est un traducteur exact, mais il a le défaut de son siècle : il est verbeux, et néglige de reproduire le caractère de ce qu'il traduit.

Nous voici parvenus au P. Prémare (mort en 1734), l'homme qui, avec le P. Gaubil et le P. Amiot, occupe le rang le plus éminent parmi les jésuites qui ont illustré la mission de Chine. Ces hommes sont incontestablement les Européens qui ont su le mieux le chinois. On doit au P. Prémare un excellent livre, resté manuscrit et intitulé

« *Noticia linguæ sinicæ*. C'est, dit Rémusat, le plus remarquable et le plus important de tous ses ouvrages, le meilleur, sans contredit, de tous ceux que les Européens ont composés jusqu'ici sur ces matières. Ce n'est ni une simple grammaire, comme l'auteur le dit lui-même trop modestement, ni une rhétorique, comme Fourmont l'a donné à entendre; c'est un traité de littérature presque complet, où le P. Prémare n'a pas seulement réuni tout ce qu'il avait recueilli sur l'usage des particules et les règles grammaticales des Chinois, mais où il a fait entrer aussi un grand nombre d'observations sur le style, les locutions particulières à la langue antique et à l'idiome commun, les proverbes, les signes les plus usités; le tout appuyé d'une foule d'exemples cités textuellement, traduits et commentés quand cela était nécessaire. »

Prémare avait encore composé un dictionnaire latin-chinois, mais ce livre s'est perdu; il a traduit le premier drame chinois connu en Europe, *Tchao-chi-kou-eul* (l'orphelin de la maison de Chao); on sait que Voltaire a imité cette pièce. Il faut encore mentionner les nombreux envois que ce savant missionnaire a faits à la Bibliothèque royale, qui s'enrichit par ses soins des treize king (livres sacrés), des cent pièces de théâtre composées sous la dynastie des Youan, de plusieurs romans et recueils de poésies. Si le P. Prémare a mieux possédé que Gaubil le génie de la langue chinoise, ce dernier a employé ses immenses connaissances à traiter des questions plus élevées, et la liste de ses œuvres est vraiment étonnante. Nous devrions en vérité reproduire ici la notice de Rémusat sur ce missionnaire; mais sa longueur nous force à l'abréger.

A peine arrivé en Chine, le P. Gaubil se mit à étudier les langues chinoise et mandchoue. Il y fit de si grands progrès, que les docteurs chinois eux-mêmes trouvaient à s'instruire avec lui. Ces graves et orgueilleux lettrés étaient dans le plus grand étonnement de voir un homme, venu de l'extrémité du monde, leur développer les endroits les plus difficiles des king, leur faire le parallèle de la doctrine des anciens avec celle des temps postérieurs, leur citer les titres des livres historiques, et leur indiquer à propos tout ce qu'il y avait eu de remarquable dans chaque dynastie;

et cela avec une clarté, une aisance, une facilité qui les contraignait d'avouer que la science chinoise de ce docteur européen surpassait de beaucoup la leur.

Le P. Gaubil trouva le temps de remplir ses fonctions religieuses, de faire de savantes observations astronomiques, de diriger le collége latin de Péking, de remplir la charge d'interprète pour le latin et le tartare, de traiter un grand nombre de sujets historiques, et de traduire plusieurs livres importans.

De tous ses ouvrages, la traduction française du *Chouking* (Paris, 1771, in-4°) est celui qui a le plus de célébrité. « Ce livre classique peut être regardé comme l'un des plus beaux monumens de l'antiquité profane ; il renferme des traditions authentiques sur l'histoire de la Chine et des empereurs, même avant l'établissement des dynasties héréditaires. Le chapitre *Iu-koung*, dans lequel on trouve une description géographique de l'empire chinois au vingt-troisième siècle avant notre ère, est à lui seul un trésor inestimable ; et les discours moraux qui font la base de presque tout l'ouvrage ne sont pas sans prix, quand on réfléchit à l'époque où le livre a été rédigé, et quand on tient compte du mérite de l'invention aux premiers auteurs de maximes maintenant devenues triviales, parce que leur justesse et leur énergie les ont fait passer dans la bouche de tous les hommes. »

Le P. Gaubil avait composé l'histoire de plusieurs dynasties chinoises ; ses manuscrits ont été perdus, sauf celui qui contient l'histoire de la grande dynastie des Thang, et qui a été imprimé dans les mémoires concernant les Chinois (t. XV et XVI ; on lui doit encore un *Traité de la chronologie chinoise*, excellent livre (t. XVI des Mém. déjà cités) qui a beaucoup servi à Fréret, et des notices sur le Tonkin, la Cochinchine et le Tibet, dans lesquelles se trouvent réunis tous les documens fournis sur ces contrées par les écrivains chinois (t. XXXI des Lettres édifiantes). Le P. Gaubil est jusqu'ici le seul Européen qui ait fait connaître l'astronomie chinoise ; il en a publié une excellente histoire. Nous retrouverons encore le P. Gaubil à la tête de ceux qui créèrent l'étude des langues tartares. Ces immenses travaux occupèrent les trente-six années pendant lesquelles Gaubil résida en Chine. Nul Européen n'a mieux connu la littérature chinoise et n'a su faire de ses connaissances des applications plus utiles et plus nombreuses.

Le P. Amiot (mort en 1794) est le dernier missionnaire qui ait employé son savoir à faire connaître à l'Europe les livres, les mœurs et la littérature de la Chine. Arrivé à Péking en 1750, il employa sa longue carrière à composer un grand nombre de dissertations insérées dans le recueil des Mémoires sur la Chine; nous citerons de préférence son livre sur l'art militaire des Chinois (Paris, 1772, in-4°); la traduction des trois livres sacrés sur l'art militaire (t. VII et VIII des Mém. sur les Chinois), sa Lettre sur les caractères chinois (t. I), son Traité de la musique des Chinois (t. VI), et la Vie de Confucius (t. XII).

Nous ne devons pas omettre, dans notre travail, 1° la traduction par le P. Couplet du Ta-hio, du Tchong-young et du Lun-yu, trois ouvrages moraux de Confucius, publiés a Paris en 1687, sous le titre de *Confucius Sinarum philosophus*, et suivi d'un excellent travail sur la chronologie chinoise (*Tabula chronologica monarchiæ sinicæ*); 2° la traduction latine du *Chi-king*, par le P. Lacharme, publiée en 1850 par les soins de M. Mohl; enfin les nombreux Mémoires du P. Cibot, l'une des dernières illustrations de la mission.

Avec la fin du dix-huitième siècle s'arrête l'éclat scientifique de la mission de la Chine. Elle a continué à subsister, et ses efforts religieux n'ont pas diminué; mais il ne peut en être question dans cet article.

Nous avons indiqué avec soin les œuvres des missionnaires, parce que nous tenions à constater quel rôle avait joué la France dans cette partie de leurs actes; nous voulions donner aux travaux immenses des missionnaires français le relief et l'importance qu'ils méritent, et que l'on est trop disposé à leur refuser aujourd'hui, soit par une sotte manie de décrier le passé, soit par envie. Il nous reste encore à dire que les trois corps d'ouvrages où sont consignés la plupart des travaux des missionnaires, sont: 1° *les Mémoires sur les Chinois*; 2° *les Lettres édifiantes*; 3° *la Description de la Chine*, par Duhalde, 4 vol. in-fol.,

Paris, 1755 (traduit en anglais en 1756, et en allemand en 1747).

Il était juste de commencer l'histoire de cette partie de l'érudition orientale, qui regarde la Chine, par les missionnaires ; nous devons passer maintenant à l'histoire des travaux des sinologues laïques.

En 1711, un Chinois lettré, Hoang-ji, ayant été amené en France par l'évêque de Rosalie, Louis XIV profita du séjour de Hoang-ji à Paris, pour rendre l'étude du chinois accessible aux savans d'Europe. On chargea, par ordre du roi, Fourmont, de composer et de publier des ouvrages élémentaires dans lesquels on pourrait étudier et apprendre la langue chinoise. « Les avantages que les marchands français » qui trafiquaient à Canton, ne pouvaient manquer d'en » retirer, et les nouvelles lumières qui devaient en rejaillir » sur l'histoire, la géographie, les mœurs, les opinions phi- » losophiques et religieuses des nations de l'Asie orientale, » furent, pour ce prince, autant de motifs de soutenir et d'en- » courager une branche naissante de littérature. » Louis XIV voulut même, en 1715, créer une chaire de langue chinoise. (*Discours d'ouvert. du cours de chinois*, par M. A. Rémusat). Fourmont fut d'abord chargé de diriger le jeune Chinois, dans la rédaction d'un dictionnaire et d'une grammaire ; mais Hoang-ji mourut en 1716, laissant inachevés ses travaux, c'est-à-dire quelques essais de traduction et de petits vocabulaires fort imparfaits. Fourmont ne se découragea pas : secondé par le régent et le duc d'Antin, il fit connaître, et cela pour la première fois, en Europe, les deux cent quatorze caractères élémentaires de l'écriture chinoise, appelés *clefs*, parce qu'ils forment la base de cette écriture, et, sous ce rapport, tiennent lieu des lettres dans les langues alphabétiques. En même temps, il faisait graver aux frais du roi plus de cent mille types, et, en 1728, il achevait sa grammaire chinoise, simple traduction latine de la grammaire chinoise du jésuite espagnol Varo, publiée, en 1703, sous le titre de *Arte de la lengua mandarina* (chinois vulgaire); Canton, 1703. Fourmont eut le grand tort de se donner pour auteur de cette grammaire. L'ignorance absolue où l'on était de l'ouvrage du P. Varo n'a pu couvrir son plagiat que pour un temps ; de nos jours, Rémusat l'a signalé, et on ne saurait trop blâmer une telle conduite. Cependant Fourmont n'imprima pas encore sa grammaire; ce ne fut qu'en 1737 qu'il en publia une partie, qui lui appartient en propre, celle qui traite de la lecture, sous le titre de *Meditationes sinicæ*. Quelques défauts que l'on puisse reprocher à ce livre, ce n'en est pas moins l'un des plus savans qui aient été composés en Europe sur la littérature chinoise. Enfin, en 1742, parut la grammaire (*Grammatica sinica*) de la langue parlée. Fourmont survécut peu à cette publication; il mourut en 1745, laissant à ses deux élèves, de Guignes et Deshauterayes, le soin de continuer son œuvre. Le premier a peu fait pour le chinois; il a édité plusieurs ouvrages des missionnaires, et a su la langue. Nous aurons, au contraire, à parler de lui à propos de la Tartarie. Le second traduisit le *Tchun-tsieou*, de Confucius, ouvrage resté manuscrit à la Bibliothèque royale. Ces trois hommes sont les seuls Européens, non missionnaires, qui aient pu lire et entendre les auteurs chinois; car, comme le remarque Rémusat, que sont auprès d'eux les Muller, les Hyde, et Bayer lui-même, qui, vers la fin de sa vie, avouait, avec une noble ingénuité, que son chef-d'œuvre en ce genre lui faisait honte (*Museum sinicum*, 1750, Saint-Pétersbourg)?

A la mort de de Guignes, les études sinologiques furent suspendues dans toute l'Europe: de Guignes ne laissait pas de successeur. A cette époque, les Anglais fondèrent à Serampoore, au Bengale, une école de langue chinoise pour former les interprètes nécessaires au commerce de la Compagnie des Indes avec la Chine. Mais au commencement du dix-neuvième siècle, l'étude du chinois fut relevée en France. Napoléon avait chargé de Guignes fils de publier le Dictionnaire chinois-latin du P. Basile de Glemona (imprimé en 1815), lorsqu'en 1811 Rémusat fit paraître son *Essai sur la langue et la littérature chinoise*. L'attention était ainsi rappelée sur cette étude toute nationale, on peut le dire, lorsqu'en 1815 le gouvernement créa la chaire de chinois au Collége de France. Rémusat fut nommé professeur, et les beaux travaux qu'il a composés depuis, montrèrent combien il était digne de remplir ces fonctions. En 1816, il publia la traduction du livre des Récompenses et des Peines, et celle de l'Invariable Milieu, ouvrage de Tseu-sse; en 1822, les élémens de la grammaire chinoise; en 1826, la traduction du roman *Iu-kiao-li*, ou les Deux Cousines; en 1836 parut l'ouvrage intitulé : *Foe-koue-ki*, ou relation des royaumes buddhiques, ouvrage important pour l'histoire du Buddhisme en Chine. Nous ne pouvons mentionner les 97 articles que Rémusat a donnés au Journal des Savans; ceux qu'il a faits pour les notices et les extraits des manuscrits, l'Académie des inscriptions, le Magasin encyclopédique, les Mines d'Orient, le Journal asiatique, etc.; mais nous devons mentionner les Mélanges asiatiques, la traduction du voyage de Fa-hien dans l'Inde en 599 de J.-C., ouvrage important pour l'histoire du Buddhisme dans l'Inde; l'intéressant mémoire sur Lao-tseu (Mém. de l'Acad. des inscrip.).

Aujourd'hui nous avons, en France, une école nombreuse de sinologues qui maintiennent notre vieille supériorité; à la tête de notre école est M. Stanislas Julien, élève de M. Rémusat, à qui l'on doit plusieurs ouvrages. Nous mentionnerons d'abord ceux qui avaient été déjà traduits, et dont il a donné de nouvelles traductions : *Mencius Sinarum philosophus*, déjà traduit par le P. Noël; *l'Orphelin de la Chine*, déjà traduit par le P. Prémare; le livre *des Récompenses et des Peines*, déjà traduit par Rémusat. On doit à cet habile sinologue la traduction du drame intitulé, *Histoire du cercle de craie*; du roman *Blanche et Bleue*, ou les deux Couleuvres-Fées; d'intéressans ouvrages sur l'éducation des vers à soie et la culture du mûrier; enfin du *Tao te-king*, de Lao-tseu (1841). A la suite de M. Julien se place M. Pauthier, élève de M. Rémusat. M. Pauthier a déjà donné d'importantes traductions : nous parlerons de son Mémoire sur l'origine et la propagation de *la doctrine du Tao* (1831); sa traduction du *Ta-hio*, le premier des quatre livres (*sse-chou*) de philosophie morale et politique de la Chine, par Confucius, et dont la suite est annoncée comme devant bientôt paraître; du *Tao-te-king*, de Lao-tseu, dont la première livraison a paru en 1838, et qui va être bientôt terminé; du *Thian-chu* (Inde), ouvrage qui contient de précieux détails sur l'histoire de l'Inde.

Parmi les élèves de M. Julien, nous signalerons M. Bazin,

à qui l'on doit la traduction de plusieurs pièces de théâtre (théâtre chinois, 1838); M. Théodore Pavie, qui a publié un choix de contes et nouvelles (1839); M. Ed. Biot, qui nous a fait connaître plusieurs textes importans, relatifs à l'histoire, à la géographie et aux sciences de l'empire chinois.

J'ai déjà dit à quelle époque les Anglais, poussés par les nécessités du commerce, avaient commencé à se livrer à l'étude de la langue chinoise. Au moment où j'écris ces lignes, j'apprends que la flotte anglaise a commis l'infâme rançonnement de Canton! Et quand je vois que les sinologues anglais ont surtout publié des lexiques, des dictionnaires, des vocabulaires, c'est-à-dire des livres destinés à former les truchemans qui ont aidé à l'accomplissement des faits inouïs qui se passent sur les mers de la Chine, c'est à peine si j'ose parler de travaux entrepris dans un but si intéressé, si égoïste et si peu scientifique.

Mais malgré tout, ces travaux ont pu faire avancer la science, et à ce titre nos lecteurs nous permettront d'en parler. Les dictionnaires et grammaires de Morrisson et Marshman, et surtout le vocabulaire de la langue chin-cheo, ou dialecte de la province de Fou-kian, par Médhurst, sinologue et espion habile, sont les seuls livres que nous mentionnerons parmi ceux de cette espèce. En fait de traductions, nous citerons les œuvres de Confucius, traduites par Marshman (1811, Serampoore, in-4º); les quatre livres (sse-chou), par Collié (1828); les lois pénales de la Chine (*Ta-tsing-leu-lee*), par Staunton (1810, Lond.), traduites en français en 1812, et publiées en 2 vol. in-8º; divers drames et romans, par Davis et Thom.

L'Allemagne est très arriérée dans cette partie de l'orientalisme; les études chinoises y sont toutes modernes; à moins que l'on ne veuille tenir compte de Christian Mentzel, élève du P. Couplet, et mort en 1702. Mentzel était peu habile sinologue; cependant, d'après ses conseils, l'électeur de Brandebourg voulut faire venir à Berlin le P. Couplet, et fit acheter à Batavia quelques livres chinois qui formèrent le premier fonds de la Bibliothèque de Berlin. Vers 1810, Klaproth attira l'attention des Allemands sur la langue chinoise. Dès 1798, mettant à profit les faibles ressources de la Bibliothèque de Berlin, et aidé par le *Museum sinicum* de Bayer, Klaproth étudiait le chinois; il apprit ensuite, pendant ses voyages, plusieurs langues de l'Asie, et prépara à son retour les divers travaux qu'il a publiés plus tard à Paris : l'*Asia polyglotta*, les Mémoires relatifs à l'Asie, et surtout les matériaux des nombreux opuscules et articles qui sont sortis de sa plume, et qui ont plus contribué à populariser les résultats de l'érudition orientale, qu'à la faire avancer elle-même.

Ce ne fut toutefois qu'en 1827 que quelques Allemands vinrent apprendre le chinois à Paris, et que parut une traduction, d'après le français, d'un ouvrage chinois en Allemagne. Ce faible début n'a pas encore eu d'autre suite que la publication, d'après le chinois, du Lun-yu, déjà traduit, (Schott, 1826, Berlin), et de l'encyclopédie de la jeunesse chinoise, déjà traduite par Morrisson, dans ses *Horæ sinicæ* (Neuman, Munich, 1836).

Il nous faut citer les Dictionnaires chinois-portugais et portugais-chinois, ainsi que la Grammaire chinoise de Gonzalves (Macao, 1831-9), et nous pourrons enfin arriver aux sinologues russes. Le cabinet de Saint-Pétersbourg, aussi intéressé que celui de Londres à faire étudier les langues du Céleste-Empire, à cause des nombreux rapports politiques et commerciaux des deux états, a entretenu depuis 1789 des interprètes pour le chinois, le mongol, le mandchou et le tibétain. Plusieurs de ces hommes se sont acquis une juste réputation par leurs travaux; nous citerons parmi eux *Leontief* (traduction du premier livre de Confucius, 1780. — Lois et ordonnances du gouvernement chinois, 1781); *Vladydin* (Grammaires et Dictionnaires mandchous et tartares, 1804); *le P. Hyacinthe Bytchourinsky* (Description du Tibet, 1828, traduit en français en 1831); *Lipoftsof* (Code de la chambre chinoise des relations extérieures, traduit du mandchou, 1828).

§ 2. *Japon.*

C'est Marco-Polo qui, le premier, révéla à l'Europe l'existence du Japon; mais ce n'est qu'en 1542 qu'il fut découvert par les Portugais, qui dès ce moment y envoyèrent des missionnaires et y firent un commerce très actif. En 1549, S. Xavier y alla prêcher l'Evangile, et les missionnaires obtenaient de grands succès lorsque quelques imprudences, et la basse rivalité des Hollandais, établis au comptoir de Firando, dès l'année 1611, amenèrent l'expulsion des Portugais, en 1637, le massacre des chrétiens, et l'interdiction aux Européens de pénétrer dans l'empire.

Les missionnaires portugais avaient publié, dès l'année 1593, une grammaire japonaise par le P. Alvarez; en 1595 ils donnèrent un dictionnaire latin-portugais-japonais, et un dictionnaire japonais en 1598. Le P. Rodriguez est, de tous les jésuites envoyés au Japon, celui qui a obtenu le plus de célébrité. Employé avec succès auprès des empereurs du Japon, comme ambassadeur d'Albuquerque, cet habile jésuite servit les intérêts commerciaux de son pays, répandit le christianisme, et publia une grammaire intitulée l'*Arte da lingoa de Japam* (imprimée à Nagasaki en 1604), afin de faciliter les études de ses confrères. Ce livre a été traduit en 1825 par M. Landresse, et publié par la Société asiatique de Paris, comme le plus capable de faire connaître les éléments du japonais.

Vers cette époque, Collado, dominicain espagnol, arrivé au Japon, en 1619, composait l'*Ars grammaticæ japonicæ linguæ* et un dictionnaire japonais, publiés à Rome, le premier en 1631, et le second en 1632.

Les travaux des missionnaires furent tout-à-coup interrompus par les événemens de 1637. Toutefois le séjour des Hollandais au comptoir de Nagasaki facilita les efforts de quelques voyageurs intrépides qui essayèrent de pénétrer dans le Japon. En 1689, l'Allemand Kœmpfer parcourut cette contrée, étudia sa langue et son histoire, et après quatre ans de travaux revint en Europe. A son retour il composa l'*Histoire naturelle, civile et ecclésiastique de l'empire du Japon*. Par suite de diverses circonstances, le texte de cet ouvrage n'a paru qu'en 1777 (2 vol. in-4º, Berlin); cependant, en 1727, on en avait fait une traduction anglaise, et en 1729 une traduction française. A la même époque paraissait l'Histoire du Japon, par le P. Charlevoix (Paris, 1736), ouvrage rempli d'excellentes notices. Un siècle après Kœmpfer, le botaniste suédois Thunberg fit un voyage au Japon, et en publia les résultats en 1792 (2 vol. traduits du suédois, par Langlès). Ce voyage intéressant fournit de curieux documens sur le commerce, la religion, le gouvernement, la langue, l'agriculture, les sciences et les arts du Japon. Jusqu'alors on n'avait pas entrepris de traduire des ouvrages japonais : le Hollandais Isaac Titsing, après avoir voyagé au Japon et en avoir étudié la langue et les antiquités, entreprit, avec l'aide des interprètes du comptoir de Nagasaki, de traduire le *Nipon o Daï itsi ran*, ou histoire des Empereurs du Japon. Cet ouvrage, revu par Klaproth, a paru en 1834 (Paris, in-4°). Titsing rapporta du Japon divers ouvrages importans, tels que l'Histoire du Japon en 80 volumes (donnés à la Bibliothèque royale de Paris) et la grande Encyclopédie **Wakan san sai tsou yé.**

Un autre voyageur, Siebold, naturaliste allemand au service de la Compagnie des Indes hollandaises, a parcouru le Japon, et publie en ce moment une relation de son voyage fort intéressante et pleine de faits nouveaux (Archives pour la description du Japon, Leyde, 1832).

En France, Abel Rémusat publiait en 1820 son Mémoire sur la dynastie régnante des *Djogonns*, souverains du Japon; à Batavia, Medhurst faisait imprimer, en 1830, un dictionnaire japonais-anglais; et, en 1832, Klaproth traduisait un Traité historique et géographique, intitulé *San kokf tsou van to sets*. La littérature japonaise est encore peu connue, et si elle ne l'est pas davantage, c'est en réalité à cause des difficultés immenses que l'on a pour pénétrer dans ce pays. Mais il est digne de remarque que, malgré ces difficultés, l'ardeur des orientalistes n'a pas été ralentie, et que l'Europe possède des grammaires, des dictionnaires, des histoires et des textes nombreux, et qu'avec le temps, les études japonaises, en se développant, donneront à la science le complément des travaux entrepris sur les religions, la civilisation et l'histoire de l'Asie orientale.

§ 5. *Langues de l'Indo-Chine.*

Les littératures des peuples de l'Indo-Chine sont, dit-on, assez riches en ouvrages théologiques qui serviront un jour, lorsqu'ils seront traduits, à compléter l'ensemble de nos connaissances sur l'histoire du Buddhisme. Si nous parlons des ouvrages traitant de ces langues, c'est pour ne pas omettre une branche, encore peu importante, de l'orientalisme, mais qui doit devenir un jour assez considérable, et qui, à ce titre, mérite d'être encouragée à son début. On ne possède, sur les langues de l'Indo-Chine, que des grammaires et des dictionnaires composés à l'usage des missionnaires et des commerçans. Les langues de la vaste presqu'île indo-chinoise peuvent se partager en trois groupes : la langue annamitique, parlée à l'est, dans la Cochinchine et le Tonkin ; la langue thaï ou siamoise, parlée au centre, et la langue des Barmans, à l'ouest. Dès 1651, le P. Alexandre de Rhodes publia à Rome, à l'usage des missions, un dictionnaire annamitique-latin-portugais. Carey, professeur au collége du fort William, donna au public une grammaire annamitique (Serampoore, 1814), et, de notre temps, l'évêque d'Isauropolis, vicaire apostolique de la Cochinchine, Taberd, a publié un dictionnaire annamitique-latin et latin-annamitique (Serampoore, 1858), commencé par l'évêque Pigneaux. Les nombreuses relations que l'on a avec ce pays font espérer que les travaux commencés sur la langue de l'empire d'Annam n'en resteront pas là.

Le royaume de Siam a été moins exploré. En 1691, la Loubère, ambassadeur à Siam, publiait à Amsterdam son Traité de la langue siamoise et de la Balie (Palie) ; mais ce livre a été remplacé par la grammaire de la langue thaï ou siamoise de James Low (Calcutta, 1828). Ces deux ouvrages sont, à notre connaissance, tout ce que l'on a composé sur la langue thaï.

La guerre des Anglais contre les Barmans fut l'occasion de voyages, d'acquisitions de manuscrits, de travaux qui donneront un jour des résultats importans sur la constitution des langues de l'Indo-Chine. On possède déjà sur la langue des Barmans deux dictionnaires, l'un anglais-barman, par Hough (Sérampoore, 1825), l'autre barman-anglais, par Judson (Calcutta, 1826), et une grammaire par Hough.

Mais, nous le répétons, l'histoire et les religions des

peuples de l'Indo-Chine n'ont été que bien faiblement étudiées : tout est encore à faire. Nous avons cependant à mentionner une Notice sur la Cochinchine et le Tonkin, par le P. Gaubil, et une Description du royaume de Camboge, par un voyageur chinois du treizième siècle, précédée d'une notice chronologique sur le même pays, extraite des Annales de la Chine, traduite du chinois par Rémusat (1819, in-8°).

§ 4. *Tibet.*

La littérature tibétaine, quoique peu variée, est cependant fort importante par le grand nombre d'ouvrages théologiques qu'elle possède. Le Tibet est, en effet, la terre sainte du Buddhisme, et sa langue est dès à présent d'une utilité majeure pour étudier cette religion si intéressante et si peu connue. C'est Rémusat qui, le premier, annonça cette utilité dans son livre sur les langues tartares (chap. de la lang. tibét.), et il aurait poursuivi son étude s'il n'avait été privé des secours nécessaires pour l'entreprendre. Klaproth s'occupa avec ardeur de la langue et de l'histoire du Tibet ; mais on manquait toujours d'un dictionnaire et d'une grammaire, lorsque le généreux Csoma de Kőrös, né en Hongrie, quitta, sans aucune ressource, sa patrie, pour aller étudier les origines de sa nation en Asie, et fut amené, par l'enchaînement de ses travaux, à apprendre, dans le Tibet même, malgré la misère et des difficultés de toute espèce, la langue de ce pays.

Les premières tentatives faites en Europe pour interpréter le tibétain remontent à Fourmont. Le tsar Pierre, ayant envoyé à l'Académie des Inscriptions et Belles-Lettres un rouleau d'écriture que quelques soldats russes avaient trouvé dans un tombeau tartare, l'Académie chargea Fourmont, qu'elle regardait comme seul capable d'entreprendre un pareil travail, de faire connaître le contenu de ce rouleau. Fourmont, ayant reconnu que c'était du tibétain, bien que ne possédant que le petit vocabulaire latin-tibétain du P. Dominique de Fano, donna une traduction qui a été depuis l'objet de critiques et de louanges fort peu méritées. Il est de fait que sa traduction est très inexacte, et que, dépourvu de tout secours, il ne pouvait faire mieux (1).

Quelques années après, le P. Giorgi, savant orientaliste italien, entreprit de faire connaître la langue tibétaine. Il était important pour les missionnaires envoyés au Tibet de pouvoir étudier l'idiome de ce pays, et c'est pour leur venir en aide que le P. Giorgi composa son livre intitulé: *Alphabetum tibetanum missionum apostolicarum commodo editum* (Romæ, 1762, in-4°). Pour rédiger cet ouvrage, Giorgi profita des matériaux envoyés au Collége de la propagande par les missionnaires capucins du Tibet, et bien que ce livre soit très défectueux, on a peine à croire que Giorgi ne sût pas même lire le tibétain, comme l'a dit Rémusat. Les recherches de Giorgi sur la religion du Tibet sont assez intéressantes, surtout pour l'époque où elles ont été écrites.

Jusqu'en 1826, l'étude de la langue tibétaine en était restée à l'alphabet de Giorgi, lorsque cette année parut à Serampoore le dictionnaire de la langue du boutan, avec grammaire, par Schrœter. Cet ouvrage anglais était encore peu capable de faire avancer la science; mais, en 1834, Csoma de Körös publia à Calcutta le résultat de ses efforts et de ses études, c'est-à-dire une grammaire et un dictionnaire tibétains (*A grammar of tibetan language.—Diction. tibetan and english*). Dès lors il fut possible d'apprendre cette langue, et aussitôt plusieurs orientalistes se livrèrent à son étude. M. Schmidt, à Saint-Pétersbourg, a publié en allemand une grammaire de la langue tibétaine (1839), pour la rédaction de laquelle il s'est infiniment servi de celle de Csoma de Körös; on annonce de lui un dictionnaire tibétain : de plus, M. Schmidt a donné la traduction allemande de trois morceaux tibétains, entre autres du *Mahâyânas Sûtras*, texte religieux et philosophique des buddhistes. En France, M. Foucaux, professeur de langue tibétaine, à l'école des langues orientales, a publié, en 1841, un fragment du *Gya-Tcher-Rol-Pa*, partie du *Kah-Gyur*, et il faut espérer ou qu'il traduira l'ouvrage en entier, ou qu'il en fera connaître au moins les parties les plus importantes.

(1) Voy. à ce sujet une note curieuse de Langlès dans la traduction du Voyage de Thunberg, t. II, p. 509.

C'est ici l'occasion de parler des deux livres sacrés du Tibet, le *Kah-Gyur* et le *Stan-Gyur*. Ces deux ouvrages, dont le premier a 100 volumes in-fol. et le second 225, sont en vérité la bible du Buddhisme. Ils ont été composés, dit-on, vers le huitième siècle de notre ère, et imprimés par ordre du gouvernement chinois de 1728 à 1746. La Bibliothèque royale ne possède que le *Kah-Gyur*.

Il est nécessaire, pour approfondir l'histoire du Buddhisme, d'étudier la langue tibétaine; car bien que la plupart des ouvrages tibétains soient des traductions du sanskrit, le sanskrit des livres buddhistes est tellement altéré, qu'il est nécessaire, pour le comprendre exactement et apprécier les nuances et les valeurs des mots, de recourir aux traductions tibétaines, qui seules donnent le sens véritable ou au moins la nuance exacte du mot. D'ailleurs tous les ouvrages tibétains ne sont pas des traductions, et, de plus, nous n'avons pas tous les originaux.

Parmi les ouvrages traitant du Tibet, nous avons déjà mentionné les travaux de Rémusat, de Klaproth et de Schmidt; il nous faut encore citer la notice sur le Tibet du P. Gaubil, d'après les historiens chinois (insérée dans les *Lettres édifiantes*), l'histoire du Tibet, traduite du tibétain par le P. Bytchourinsky, le chapitre que Pallas a consacré au Tibet dans ses mélanges sur le Nord (trad. par Reuilly, in-8º), et la relation de Bogle, envoyé par la Compagnie anglaise auprès du Grand-Lama en 1783. C'est à peu près à cela que se borne la bibliographie des études tibétaines, encore à leur début.

§ 5. *Tartares.*

Dans le premier paragraphe de cet article, nous avons parlé des relations des Tartares avec les princes de l'Europe. Ces relations et l'importance de l'empire des Mongols donnèrent, de bonne heure, à l'étude des langues tartares un certain développement. Interrompues au quinzième siècle, ces études ne reprirent vigueur qu'au dix-huitième siècle, lorsque les missionnaires et de Guignes rappelèrent, par leurs travaux, l'attention des savans sur l'histoire d'un peuple considérable. Nous avons déjà parlé du bel ouvrage de de Guignes sur l'histoire des Huns (1756-1758). Après lui, Rémusat vint donner une nouvelle impulsion à l'étude des langues tartares, et les recherches sur ces idiomes (1820) ne sont pas l'ouvrage le moins important de ce savant. Mais c'est surtout en Russie que les langues tartares ont été étudiées avec succès; il ne fallait rien moins que les nécessités de la politique et la possession de la Sibérie pour faire entreprendre et poursuivre des études aussi peu accessibles aux savans européens. Il n'a encore été publié (généralement à Tobolsk) que des grammaires et des dictionnaires, par Ghiganof, Atnometef, Chalfin, Troïanski (1802-1814).

§ 6. Mongols.

Les Mongols sont les premiers Tartares dont les savants européens ont d'abord étudié les langues. Sans revenir sur ce que nous avons dit, en parlant des relations des princes du moyen-âge avec les Mongols, nous ne parlerons ici que des travaux du P. Gaubil.

Ce savant missionnaire fut envoyé en Chine en 1725, et nommé interprète pour le latin et le tartare, et pour les relations entre la Russie et la Chine. Le P. Gaubil s'occupa avec ardeur d'appliquer les ressources qu'offre la langue chinoise pour connaître la Tartarie; il réunit assez de matériaux pour composer une histoire de Gentchiscan et de toute la dynastie des Mongoux (Paris, 1739, in-4°).

Cependant la langue mongole n'était pas encore cultivée, et les ouvrages publiés avaient été composés ou traduits d'après des langues étrangères à la Mongolie. Le baron Schilling, au retour de son voyage dans l'Asie centrale, apporta à Saint-Pétersbourg une assez grande quantité de livres mongols. Il devint dès lors facile pour les savans russes d'étudier cette langue. En traduisant les livres mongols, on pouvait arriver à des solutions importantes pour l'histoire du développement du Buddhisme dans la Tartarie, fait considérable dans l'histoire générale; on pouvait arriver à bien connaître l'histoire d'un peuple dont les conquêtes ont été si grandes et qui a joué un rôle immense au moyen-âge : de telles considérations ont amené divers savans russes à apprendre le mongol, et ces études sont devenues assez importantes. M. Schmidt a traduit, en 1829, une histoire des Mongols d'après Sanang-Setsen; en 1831, il publia une grammaire et un dictionnaire mongols, et divers mémoires sur le Buddhisme d'après les auteurs tartares. Le Polonais Kovalevski, déporté à Kazan, a consacré les loisirs de sa captivité à apprendre la langue mongole et à publier une chrestomathie (1856).

§ 7. *Mandchoux.*

Les Tartares mandchoux ont conquis la Chine en 1644. Peu important jusqu'alors, ce peuple a accepté la civilisation chinoise, et depuis ce moment il a une littérature qui n'est autre, il est vrai, qu'une traduction de la littérature chinoise, mais qui n'en est pas moins importante. En effet, les empereurs mandchoux, pour obtenir la fusion des conquérans et des vaincus, et répandre dans leur peuple la connaissance des livres chinois, ont fait traduire en mandchou presque tous les écrits de leurs nouveaux sujets. Le mandchou est le plus savant de tous les idiomes tartares; il acquiert chaque jour un nouveau degré d'intérêt par les nombreuses et fidèles traductions du chinois et du tibétain, dont on ne cesse de l'enrichir par les ordres des souverains.

« La connaissance du tartare mandchou, dit le P. Amiot, ouvrirait une libre entrée dans la littérature chinoise de tous les siècles; il n'est aucun bon livre chinois qui n'ait été traduit en mandchou. Ces traductions ont été faites par de savantes académies, par ordre et sous les auspices des souverains;... elles ont été revues et corrigées par d'autres académies non moins instruites, dont les membres savaient parfaitement et la langue chinoise et la langue des Mandchoux... Pour moi, j'avoue que si je n'avais su que mon chinois je n'aurais pu me tirer d'affaire dans ce que j'avais entrepris. La langue mandchoue est dans le goût de nos langues d'Europe; elle a sa méthode et ses règles. »

L'homme qui commença à faire connaître le mandchou à l'Europe est le P. Gerbillon, missionnaire français, mort en 1707; on lui doit les *Elementa linguæ tartaricæ*, que l'on a attribués à tort au P. Couplet. Cette grammaire est insérée dans le second volume de la collection de Thévenot.

il en existe une excellente traduction française. Le P. Amiot a aussi donné une grammaire abrégée de la langue mandchoue (*Mémoire sur les Chinois*, t. XIII). Le savant Deshauterayes, élève de Fourmont, voulut, en 1767, publier une grammaire de cette langue ; nous ne savons ce qui l'empêcha d'accomplir ce projet. Enfin, en 1833, a paru en Saxe la grammaire mandchoue de M. Conon de la Gabelentz, savant sinologue. Il nous semble bon d'extraire le passage suivant de cet excellent livre ; il servira à prouver à mes compatriotes combien l'érudition française a de grandeur et de prestige en Allemagne, et il les mettra ainsi en garde contre cette maladroite et ignorante admiration de toute œuvre née au-delà du Rhin :

« J'ai choisi la langue française, dit M. Conon, pour la rédaction de mon livre, parce que la France a été jusqu'à présent le seul pays où l'on a cultivé le mandchou, de sorte qu'il me paraît indispensable, pour tous ceux qui veulent se livrer à l'étude de cet idiome, de comprendre aussi la langue française, comme celle dans laquelle sont écrits tous les livres qui se rapportent à cette littérature. »

Outre ces grammaires, il existe un excellent dictionnaire mandchou-français, composé par le P. Amiot : le ministre Bertin fit graver les poinçons et fondre les caractères nécessaires pour imprimer ce dictionnaire, et chargea Langlès de veiller à l'exécution de ses ordres. Le dictionnaire du P. Amiot parut en 1789 (3 vol. in-4°), précédé de l'alphabet mandchou de Langlès.

Après avoir indiqué les ouvrages qui peuvent servir à étudier la langue mandchoue, il nous faut actuellement signaler les livres mandchoux publiés en Europe. Nous trouverons d'abord la Relation des huit voyages en Tartarie du P. Gerbillon ; l'Histoire générale de la Chine, ou Annales du *Tong-kien-kang-mou*, traduit par le P. de Mailla, et publiées par Deshauterayes (Paris, 1777, 12 vol. in-4°). Nous croyons devoir nous arrêter un instant sur cet ouvrage, qui, avec la compilation de Duhalde et les mémoires sur les Chinois, forme un ensemble très complet sur la Chine.

Les Chinois ont eu, dès le commencement de leur monarchie, des tribunaux pour l'histoire, chargés de recueillir avec impartialité tous les faits importans, les bonnes et mauvaises actions des souverains, etc. Les princes vassaux avaient aussi leurs historiens, et il y a plusieurs preuves de leur courageuse impartialité. Ces historiens officiels ont produit cinq cents volumes, dont quatorze renferment tous les mémoires historiques relatifs aux temps antérieurs à J.-C. Ce volumineux recueil a été abrégé en cinquante-six volumes, sous le titre de *Tong-kien-kang-mou*. Cette histoire s'arrête vers 1368. Lorsque Kiang-hi, second empereur de la dynastie des Mandchoux, monta sur le trône, il fit traduire, dans sa langue maternelle, le Tong-kien-kang-mou, et c'est d'après cette version mandchoue que le P. de Mailla a fait la sienne.

Depuis lors on n'a rien publié d'aussi considérable d'après les auteurs mandchoux. Nous avons à signaler le rituel des Mandchoux, par Langlès, inséré dans les Notices et extraits des manuscrits (1804). Cette notice donne quelques détails sur les usages établis pour les offrandes et les sacrifices des Mandchoux. Ce rituel a été rédigé par ordre de l'empereur Kien-long. Nous devons encore mentionner les lettres de Klaproth sur la littérature mandchoue (1815), et la traduction de l'*Invariable milieu*, par Rémusat (t. x, des not. et extr. des mss., 1817).

M. Conon de la Gabelentz prépare une traduction latine du *Sing-li-dshen-thsian*.

On voit que la somme d'ouvrages traduits du mandchou est peu considérable; mais cette langue est, comme nous l'avons dit, très utile aux sinologues, et, à ce titre, sa culture mérite tous les encouragemens de ceux qui s'intéressent aux études orientales.

FIN.

www.ingramcontent.com/pod-product-compliance
Lightning Source LLC
Chambersburg PA
CBHW070518100426
42743CB00010B/1860